赵丽端 著

在通与独之间

庄子哲学的阐明

上海人民出版社

序

杨国荣

　　从形而上的层面看，庄子提出"齐物"之论，并贯穿"齐"、"通"的观念于整个思想。作为庄子的核心概念之一，"齐"与"通"首先相对于"分"与"别"、"界"与"际"而言，以"齐"、"通"立论，意味着超越分别、界限、分际，关注统一的存在形态。以"道通为一"、"以道观之"为深沉内涵，"齐"、"通"既展示了存在的图景，又体现了把握存在的视域。

　　对庄子而言，世界图景表现为两种形态：其一为未始有封的本然形态，其二则是分化的世界。从本体论上看，分化的世界往往未能展示存在的真实形态；在价值的层面，分化的世界又对人之"在"形成了负面的制约。如何扬弃分化或分裂的存在图景？作为解决以上问题的可能进路，庄子引入了"道"的观念："物固有所然，物固有所可。无物不然，无物不可。故为是举莛与楹，厉与西施，恢恑憰怪，道通为一。"（《庄子·齐物论》）在现象层面呈现大小、美丑等差异的事物，本身又都包含着能够为人所肯定的规定（所谓"然"、"可"），作为人评判的根据，这种规定可以视为"道"在具体事物中的体现。就其内含并体现"道"而言，它们同时又具有彼此相通的性质。这里既有在本体论上以"道"统一不同存在的一面，又意味着从"道"出发实现视域的转换：当仅仅停留于不同现象各自的外在形态时，事物主要以

"分"、"异"等形式呈现；从"道"的观点加以考察，则其间便更多地表现了内在的相通性。

视域的转换在以道观之与以物观之等区分中，得到了进一步的阐发："以道观之，物无贵贱；以物观之，自贵而相贱；以俗观之，贵贱不在己。"（《庄子·秋水》）贵贱既体现了价值观上的差异，也具有本体论的意义（分别涉及事物肯定性的规定与否定性的规定），道作为存在的根据、法则，同时也表现为统一的原理，"以道观之"，意味着超越界限，从相通与统一的视域把握存在；与之相对的"以物观之"侧重于对象自身的规定、"以俗观之"则从外在于对象的准则出发，后二者表现形式虽然有所不同（"以物观之"着眼于事物自身之"在"，"以俗观之"则是从事物自身之外的立场来考察），但都执着于"分"与"别"：前者（"以物观之"）肯定自身（"自贵"）而否定、拒斥他物（"相贱"），后者（以俗观之）则根据外在准则在事物自身与他物之间划界（"贵贱不在己"：贵贱相分，但其依据不在自身）。

相分之物总是各有界域，当这种界域被过度强化时，世界往往呈现"杂"的形态；后者与道形成了另一种意义上的紧张："道不欲杂。杂则多，多则扰，扰则尤，尤而不救。"（《庄子·人间世》）与"杂"相联系的"多"，体现的主要不是一般意义上的多样性，而是存在的无序性；从"分"、"别"到"杂"，事物间的界限，进一步呈现为无序的规定。与之相应，以道观之不仅意味着克服各自划界（包括"自贵"、"相贱"）的存在图景，而且蕴含着扬弃无序性的要求。

庄子以"齐物"立论，要求扬弃"以物观之"的视域、超越"有封"的存在图景，其中蕴含了值得注意的形而上立场。从本体论的层面看，存在无疑包含多样的形态，但如果将多样的形态理解为彼此分离的界限，则容易导致分裂的存在图景，这种分裂的存在图景往往进一步构成物我之辨、是非之争的形而上背景。存在形态上的界限，常常逻辑地对应着存在视域中的划界，分裂的存在图景与划界的"观"物方式，也总是相互交融，而当界限被理解为存在的主要规定、划界成为把握存在的主要方式时，世界的真实形态便难以呈现。在终极的意义上，多样形态的事物，是存在本身的不同表现形式，就现实之"在"而言，相互区分的事物，每每又以不同的方式彼此关联：界限并不具有恒久、不变的性质。世界的这种相通性，同时表现了其具体性、统一性。存在的如上统一既在空间的意义上扬弃了"不该不遍"的片面规定，又在时间之维展现为界限之间的转换、流动。从"道通为一"与"以道观之"的形而上立场出发，庄子将消解界限、破除对待提到了突出地位，在他看来，百家之说以"不该不遍"的方式，提供了各限其界、相互对待的存在图景，"道术之裂"所折射的，是世界本身的分裂。庄子本身在本体论上所致力的，首先则在于通过强调存在的整体性，以扬弃这种分裂的存在图景。

在强调道通为一的同时，庄子对存在形态的多样性、独特性，也给予了多方面的关注。就天道而言，这种多样性与特殊性首先与"德"相联系。现实世界中不同事物的形成，以获得具体的规定为前提，这种具体的规定也就是"德"，庄子所谓"物得以生谓之德"，便肯定了这一点。

就道与德的关系而言，普遍之道体现于具体事物，便表现为"德"，而从"明道"（对道的把握）过程看，"德"又构成了现实的出发点："故形非道不生，生非德不明，存形穷生，立德明道。"（《庄子·天地》）万物以"道"为本原，又由"德"而获得具体的、个体性的规定，从而彼此区分：无"德"则物之特点便难以彰显（不明）。物与"德"的关系，在更深层的意义上关联着"道"与"德"之辩：唯有从"德"入手，才能澄明形上之道（"明道"）。从本体论上看，"立德明道"意味着个体性的规定（"德"）确证着存在的根据（"道"）；就认识论而言，"立德明道"则表明对存在根据的把握，离不开个体性的存在规定。在以上关系中，"德"所蕴含的个体性原理得到了彰显。

就总体而言，庄子无疑以道为第一原理。作为形而上的原理，道无疑更多地展示了统一、整体的品格，事实上，在庄子哲学中，我们确实可以看到对普遍、统一、整体的关注，庄子主张齐物、强调道通为一，都表明了这一点。然而，这种"齐"、"通"，更多的是就"未始有封"（尚未分化）的本然存在而言；从分化的世界看，多样性、个体性无疑又构成了现实的形态。通过"以道观之"以消解多样性、差异性，固然不失为形而上的理想进路，但如何应对分化的世界，仍是现实的"在"世过程无法回避的问题。这样，对庄子来说，回归"道通为一"的本然存在与面对分化的世界，便构成了相反而相成的两个方面，而"道"与"德"则分别从统一性与个体性上展示了二重不同的原理。历史地看，这一理论进路与《老子》"尊道贵德"之说所内含的沟通统一性原理与个体性原理的趋向，具有内在的渊源关系。

庄子以"德"（具体规定）为事物所以存在的根据，并在关注"德"的同时突出了"殊理"的意义，由此反对无视存在的独特性，无疑体现了对个体性原理的关注。对个体性原理的以上肯定，既为本体论上确认存在的多样性、差异性、偶然性等等提供了形而上的根据，也为价值论上考察个人与社会的关系提供了逻辑的前提；它对"道通为一"所蕴含的忽视多样、差异等可能趋向，亦有所抑制。

从庄子哲学的以上特点出发，赵丽端博士的《在通与独之间——庄子哲学的阐明》一书以"通"与"独"为核心的观念，对庄子的哲学思想作了体现独特进路的研究。本书首先将庄子放在先秦哲学发展的历史过程中加以考察，由此追溯庄子哲学思想的历史源头，并具体分析了庄子关于个体性与普遍性的思想。同时，与仅仅爬梳历史材料不同，本书注重对庄子相关思想的内在理论意义的阐释，体现了哲学的视域。本书原系作者的博士学位论文，现在经过修订之后出版，这对于推进和深化庄子哲学相关问题的研究，无疑具有积极的意义。

目　录

1

引 论

　　通与独，都是中国传统哲学中重要的概念和观念。从语词的意义来看，"通"的本义是到"达"，汉朝许慎在《说文解字》中将其释为："通，达也。"引申而言，通既有沟通、通达之意，又有顺、畅，无阻碍或消除阻碍之意。对于"独"，许慎《说文解字》云："独，犬相得而斗也。羊为群，犬为独也。"据此，段玉裁注："犬好斗，好斗则独而不群，引申为专一之称。"[1] 因而，就"独"的含义而言，"独"有单独、独自、唯一之意，又有独特之意，引申开去，亦指孤独。

　　与之相关，从哲学意义上来看，通与独之间，涉及的是统一性与个体性、普遍性与特殊性、一般与个别、共相与殊相的关系。这是一个自古以来就受到中外哲学家关注的问题。古希腊哲学家柏拉图区分了真实的存在与虚幻的存在，在他看来，只有一般的理念具有真实性，而与理念相对的个体，作为感性对象，只是理念的摹本，它不具有实在性。显然，柏拉图的形而上学以共相为第一原理，凸显了存在的统一性和普遍性之维，从而使个体原则未能得到合理的定位。与之相对，亚里士多德则更多地突出、强化了存在的个体之维：在他看来，实体分为第一实体与第二实体，第一实体主要指个体，它作为最真实的存在是其他一切事物的基础。古希腊哲学关于统一性与个体性、共相与殊相的如上发展趋向在之后西方哲学的演进中得到了体现，无论是中世纪的唯名论与唯实论之争，抑或是近代哲学中的经验论与唯理论之分，都在不同程

---

[1]〔汉〕许慎著、段玉裁注：《说文解字段注》，成都古籍书店1981年影印版，第504页。

度上蕴含着统一性原理与个体性原理的某种紧张和对峙。因而，就通与独之间而言，在一定意义上可以说，西方哲学从古希腊到近代的演进主要呈示的是二者的相分、相峙。相形之下，在中国古代哲学中，对通与独的关注则展示着与西方哲学不同的思维路向，如《老子》提出"尊道贵德"的思想，通过肯定"道"与"德"之间的互动、沟通，在对统一性原理与个体性原理予以双重确认的前提下，表现出沟通二者的趋向。而庄子，作为中国哲学史上不可忽视的人物，其哲学思想既呈现出整体、统一的特征，又展现了独特的品格，从而为人们提供了一个统一且极具鲜明个性的思想世界。在这一思想世界中，他继承和发展了《老子》的学说，既有对统一性、整体性的注重，又有对个体性、多样性的承诺与肯定，这使得通与独之间具有着双重维度：一方面，二者存在着内在的紧张；另一方面，二者又表现出相互沟通的趋向。这可以从他对通、独的相关论述中窥见一二：通，作为庄子的核心概念之一，在其整个思想系统中占据了中心位置，如"道通为一"（《庄子·齐物论》）；"天地与我并生，而万物与我为一"（《庄子·齐物论》）；"道未始有封"（《庄子·齐物论》）；"道不欲杂"（《庄子·人间世》）；"游乎天地之一气"（《庄子·大宗师》）；"通天下一气耳"（《庄子·知北游》）；"不同同之之谓大"（《庄子·天地》）；"以道观之，物无贵贱"（《庄子·秋水》）；"万物一齐，孰短孰长"（《庄子·秋水》）；"一而不可不易者，道也"（《庄子·在宥》）；"通于天地者，德也"（《庄子·天地》）；"行于万物者，道也"（《庄子·天地》）；"夫道，于大不终，于小不遗，故万物备"（《庄子·天道》）；"道者为之公"（《庄子·则阳》）等。然而，庄子对独的强调又是显而易见的，如"万物殊理，道不私，故无名"（《庄子·则阳》）；"出入六合，游乎九州，独往独来，是谓独有。独有之人，是之谓至贵"（《庄子·在宥》）；"独与天地精神往来"（《庄子·天下》）；"古之至人，先存诸己而后存诸人"（《庄子·人间世》）；"有人之形，故群于人"（《庄子·德充符》）；"唯至人乃能……顺人而不失己"（《庄子·外物》）；"天下不淫其性，不迁其德"（《庄子·在宥》）；"必分其能，必由其名。以此事上，以此畜下；以此治物，以此修身"（《庄子·天道》）；
"不以物易己"（《庄子·徐无鬼》）等。

　　本书从通与独之间的关系入手，进入这一思想世界。原因在于：
近年来，对于庄子思想的研究仍然很活跃，其中不乏有建树之作。但
通观庄学研究现状，不难发现，单单涉及其通或者独的思想研究的论
文非常丰富，而关于庄子思想中通与独二者之间关系的专题的、系统
的研究则少之又少。在此基础上，对于通与独之间进行专题的考察、
研究，就不乏其理论层面的意义。基于此，从通与独之间的关系入手，
通过对《庄子》文本的整体解析，在深入挖掘通与独及二者之间关系
的理论内涵与哲学意蕴的同时，又能把握庄子思想的系统性、整体性。
其中不仅包括对通与独二者的内涵、关系的探析，而且包括对通与独
之间沟通何以可能的追问，以及关于庄子对通与独进行沟通的方式的
思考。通与独之间涉及《庄子》思想的不同领域，其中包括物物之间、
物我之间、人我之间，而这些方面所揭示的主体与对象、主体与主体
之间的关系问题，对于今天反思人类自身处理人与世界、人与人之间
的关系问题亦有着相当的参考意义和价值，而这无疑又展示着通与独
之间这一专题研究所内含的现实指向及所具有的现实意义。

　　在此，需要特别加以说明的是，本书在结构上先将通、独分别论
述，之后再论述二者之间的沟通，这并非简单地将通与独看作在庄子
思想中对立、截然相分的表述，而是结构上的安排，这种结构上的安
排正是为了在更深入地分析通、独的基础上去探析其沟通的根据及沟
通的方式。同时，这种结构上的安排又有着一定的依据，即通与独之
间的关系。正如后文将详论的，通与独在庄子思想中既存在着张力，
又有相互沟通、相互依存的维度。从下文对通、独含义的分析中就会
看出，通与独虽然含义不同，涉及的维度不同，但在一定意义上，可以
说二者是融合在一起的。

　　同时，这一专题研究，把《庄子》内、外、杂33篇作为一个统一的
整体，对《庄子》文本作整体解读，而不着力于《庄子》诸篇真伪及年

代先后的考证、注释，一方面是基于《庄子》一书虽然可能包含着成于不同之时、出于不同之人的文字或篇章，但其渗于全书的主导的哲学观念、基本的学术立场却毋庸置疑，亦展示着庄子哲学之为自身的整体特征；另一方面则是依据实际的历史影响。尽管《庄子》诸篇的作者归属、成书年代存在争议，在历史上其具体篇数、篇目划分等方面发生过变化，但在思想史上，庄子通过《庄子》一书而实现其在历史上的深远影响，《庄子》一书亦始终作为庄子的思想载体而实际地影响着思想的衍化与进展。对此，冯契先生在《中国古代哲学的逻辑发展》（上）一书中写道："关于庄子的哲学思想，见于《庄子》一书中"，并在注释中具体地解释道："《庄子》一书是庄子及其后学所著。……其中内篇一般被认定为庄子著，外篇和杂篇可能掺杂了其门人和后学的作品。但《庄子》书的内、外、杂篇中的大部分内容，包括有关庄子的故事，都反映了庄子的思想，是研究庄子的重要史料。"[1] 杨国荣先生在《庄子的思想世界》一书中详细地解释了将《庄子》一书视为一个整体的缘由，并作出如下论断："关于《庄子》各篇归属问题的各种看法，在发现原始文本依据以前，都具有假说的性质，无法视为定论"[2]，"对《庄子》一书更合理的理解，是将其视为一个整体"[3]。而在实际的研究中，"把表现为传世文本并以此实际影响思想史的《庄子》作为整体来考察和理解"，"暂时悬置目前难以遽断的各篇具体归属及年代问题，以整体形态的《庄子》作为研究的对象；在具体的论述中，则视庄子为《庄子》一书的观念主体、以《庄子》为庄子的思想载体，对二者不作截然区分"[4]。所以，依循于此，通与独之间的研究是把《庄子》文本作为一个整体加以考察，在行文中以庄子之名来表述《庄子》一书所内含的哲学思想。

---

[1] 冯契：《中国古代哲学的逻辑发展》（上），华东师范大学出版社1997年版，第202页。

[2] 杨国荣：《庄子的思想世界》，北京大学出版社2006年版，第12页。

[3] 同上书，第13页。

[4] 同上书，第17页。

第一章　先秦思想中的通与独[1]

　　在进入庄子哲学系统、探究其通与独之间的关系之前，有必要简单梳理一下通与独这一问题在先秦学术思潮中[2]的发展与演变，以便在更广的哲学史背景下，探析在庄子那里，通与独何以能够成为问题，同时较为明确地揭示出庄子对于通与独之间的关系这一问题的解决所具有的承继性与独特性。

---

[1]　需要加以指出的是，先秦时期的一些思想家如孔子、墨子等的思想中并没有通、独的范畴直接出现，但却都无一例外地内蕴着统一性与个体性、普遍性与特殊性的思想。因而，在一定意义上可以说，尽管他们在形式的层面上没有通、独的概念，但却在实质的层面涉及了和通与独相关的思想。

[2]　鉴于本书的重心在于立足《庄子》文本，对其通与独的思想进行深入探讨，因而，这一部分的论述选取庄子之前的有代表性的学派及哲学家和与庄子同时代的有代表性的哲学家进行分析，以展示庄子关于通与独思想的历史地位及独特之处。此外，有许多学者如商戈令、吴根友、乔清举、刘立夫、李景林、贡华南等论述通的思想时，往往将《易传》与庄子放在一起进行对比。有鉴于此，本书亦有必要简略地探讨一下《易传》中有关通与独的思想，以突出其与庄子思想的异同。庄子以前的哲学家，本书在此主要追溯到孔子、墨子、老子；而与庄子同时代的哲学家，则以孟子的相关思想为对象，进行简要分析。同时，本书亦涉及如《大学》、《中庸》的"慎独"、杨朱的"为我"等一些有代表性的或注重通或注重独的思想。至于孔子、墨子、老子之前关于通与独思想的讨论则暂且搁置。同时，需要指出的是，关于老子其人与《老子》一书的关系，以及此处将其置于孔、墨之后的缘由，本书是依循了冯契先生的如下见解："老子，相传是春秋时期的思想家，道家学派的创始人。据《史记·老庄申韩列传》记载，老子即老聃，姓李，名耳，字伯阳……年龄比孔子大一些。……《老子》包含老聃的基本思想，但成书可能在战国初期，即在儒墨盛行之后，因为《老子》书中有些思想显然是针对孔墨而提出的。所以，我们以《老子》书为本位，将它放在孔墨之后进行论述。"［冯契：《中国古代哲学的逻辑发展》（上），华东师范大学出版社1997年版，第124—125页］

1

第一节　先秦儒家[1]的通与独

一、孔子:"吾道一以贯之"与"为仁由己"

孔子作为儒家学派的创始人,其文本中无"通"、"独"的范畴直接出现,但却既有着关于通即统一性、普遍性方面的论述,又有着关于独即个体性、特殊性方面的内容,从而暗含着后来表示统一性原理与个体性原理之"通"与"独"的意蕴。

从通即统一性的维度来看,孔子在《论语》中以"吾道一以贯之"(《论语·里仁》)来概括自己的学说特点,所谓"贯"者,即通也,即展示出其思想所具有的"通"之特征。具体而论,"仁"作为孔子哲学思想的核心,以通为其品格,这凸显在其行"仁"之方——"忠恕"之上:"曾子曰:'夫子之道,忠恕而已矣。'"(《论语·里仁》)在此,"己欲立而立人,己欲达而达人"(《论语·雍也》)之"忠"与"己所不欲,勿施于人"(《论语·颜渊》)之"恕",意即用"推己及人"的方式实行仁,而"推己及人"既肯定了人我关系上的可通达性,又蕴含着人我之间可沟通的根据。后者在"性相近也,习相远也"(《论语·阳货》)中得以体现,所谓"性相近",即每个人都有相近的本质,这显然是人我之间能够相互沟通的根据。正是以此为前提,才产生了把自己所"欲"之事推及到他人身上的可能性,也才具有"己所不欲,勿施于人"的理性自觉,亦即"能近取譬,可谓仁之方也已"(《论语·雍也》),对此,朱熹作如下注释:"譬,喻也。方,术也。近取诸身,以己所欲譬之他人,知其所欲亦犹是也。然后推其所欲以及于人,则恕之事而仁之术也。"[2]换言之,由于人与人"性相近",便会有相同的情感及判断是非、善恶的理性

---

[1]　孔子、孟子、《大学》、《中庸》、《易传》作为原始儒学的主要代表,从不同角度对统一性与个体性的问题作了探讨,由此可见先秦儒家在这一问题上的主要趋向。

[2]　朱熹:《四书章句集注》,中华书局 1983 年版,第 92 页。

能力，故可以由己之"欲"推及至他人，从而使人我之间的通得以可能。

同时，个体之维亦由"仁"得以展现，在《论语》中通常用"己"、"我"来表述。首先，"己"是为仁的主体，所谓"为仁由己，而由人乎哉？"（《论语·颜渊》）"有能一日用其力于仁矣乎？我未见力不足者。"（《论语·里仁》）在此，显然既肯定了"为仁"的主体是"己"，又展现了为仁的过程是主体自身力量的体现（"由己"）。由此，"己"之独立性、"己"之行仁的道德自信和力量得以彰显。其次，"仁"是"我"真实而切己的存在方式："仁远乎哉？我欲仁，斯仁至矣"（《论语·述而》），作为个体的"我"需要在自身的日用常行之中，自觉地依"礼""义"等道德原则以行，并用其来范导自身的全部生存活动，以成就自我、挺立自我（"为己"[1]）。而"己"之"为"，即自我的完善或实现，既蕴含着对自我（"己"）的确认，又体现了对个体存在的关注及对自我作为个体的自觉。

但是，在孔子那里，"己"之"立"并不是终点，其所指向的是"立人"，与此一致，"为己"、"修己"所指向的是"安人"、"安百姓"，所谓"修己以安人"、"修己以安百姓"[2]即表明了这一点。"修己"是自我的完善，而"安人"、"安百姓"指向的则是群体价值的实现，以"安人"、"安百姓"为"立己"、"修己"的归宿，一方面，体现了注重个体的社会责任、认同社会群体价值的趋向；另一方面，既肯定了"己"、"人"等个体的存在与价值，又以己与人、己与群（"百姓"）之间的沟通、通达为指归，从而在一定程度上使"己"之个体的存在具有从属性及工具性，进而彰显出人与我、人与群之间的通之维。"孔子的'成人'说重在'立人'，即使每个人成为完善的人。……'成人'之人格既保持着

---

[1] 所谓"古之学者为己，今之学者为人"（《论语·为政》）；"君子求诸己，小人求诸人"（《论语·卫灵公》）。

[2] 这在《论语·宪问》中的如下对话中得以体现：子路问君子。子曰："修己以敬。"曰："如斯而已乎？"曰："修己以安人。"曰："如斯而已乎？"曰："修己以安百姓。修己以安百姓，尧舜其犹病诸？"

对他人的开放与就之的魅力，同时也以其博厚的仁爱与睿智润泽人与物、通达人与物。"[1]

因而，可以说，在孔子那里，既对个体的存在与价值予以了肯定，但其显然更为注重社会群体的价值，从而使得个体与个体、个体与群体之间的通之维更为凸显，亦在某种程度上使其思想具有个体存在从属于社会群体的趋向。需要指出的是，孔子的思想、学说中虽然蕴含着关于通与独的思想，但是，二者在其整个思想中并不占有中心地位，或者更加准确的说法应该是：孔子的思想中具有后来发展为统一性原理与个体性原理的通与独思想的萌芽。

而与庄子同时代的孟子[2]，则沿循了孔子关于统一性与个体性的如上思路：一方面，就个体之维来看，他以"舍我其谁"[3]的自信，既肯定了"我"是作为个体而存在的，又确证了"我"这一道德主体的力量与使命。同时，又将"身"看作天下、国、家之"本"，所谓"天下之本在国，国之本在家，家之本在身"(《孟子·离娄上》)，在此，"身"作为个体的象征，以之为"本"，突出的是个体的地位和作用，这当中亦包含着个体在人格上的独立性。另一方面，就通之维来看，孟子认为个体之人要"立心"，因为通过"立心"可通达"性"与"天"，所谓"尽心知性知天"(《孟子·尽心上》)。每一个体皆有"四端"，"恻隐之心，仁之端也；羞恶之心，义之端也；辞让之心，礼之端也；是非之心，智之端也。人之有是四端也，犹其有四体也"(《孟子·公孙丑上》)。而这"四端"一如人生来有"四体"一般，是与生俱来的。个体在"立心"过程中，"从其大体为大人，从其小体为小人"(《孟子·告子上》)，而"从其大体"之人即在与人、物相

---

[1] 贡华南：《物的到来如何可能？——中国传统思想世界中"物"及其通达》，《人文杂志》2007年第2期。

[2] 关于孟子其人，一般认为其生活于战国中期（约公元前372年—前289年），名轲，字子舆。而庄子的生卒年月，依马叙伦《庄子义证》中的相关说法，约公元前369年—前286年。可以看到，二者大致处于同一时代。

[3] "如欲平治天下，当今之世，舍我其谁也？"(《孟子·公孙丑下》)

交接时服从"恻隐"、"羞恶"、"辞让"、"是非"之心的指挥，进而达到与"天地"相通之境，所谓"我善养吾浩然之气"（《孟子·公孙丑上》），"夫志，气之帅也；气，体之充也。……其为气也，至大至刚，以直养而无害，则塞于天地之间"（《孟子·公孙丑上》）。在此，"气"既属于"吾"，亦能够通贯天地之间，"气"以其贯通性展示了通之品格。

需要指出的是，就个体之维而言，从孔子对"立己"、"修己"的注重，到孟子对"立心"的强调，自我的成就与完善逐渐向个人的道德实践与心性涵养靠拢，从而在一定意义上表现出儒家的内圣走向。

二、《大学》《中庸》之"慎独"

《大学》《中庸》[1]作为儒家的重要典籍，显然继承了孔子如上有关统一性与个体性的思想，并使之在"壹是以修身为本"（《大学》）、"诚者，非自成己而已也，所以成物也。成己，仁也；成物，知也"（《中庸》）的成己而成物之说中得到进一步的展开。同时，《大学》《中庸》以"慎独"[2]之说明确提出了"独"这一范畴，并由之突出了对个体之维的强调。对于"慎独"，东汉的郑玄注解为"慎独者，慎其闲居之所

---

[1] 关于《中庸》的作者及成书年代，本书不作详细考辨，而是依循杨国荣先生的如下论述："现存《中庸》一书较多地反映了战国后期的儒学思想，部分内容则是秦汉之际的儒者所加。据此……将《中庸》看作是战国后期至秦汉之际的作品"（杨国荣：《善的历程：儒家价值体系研究》，华东师范大学出版社2009年版，第142—143页）；关于《大学》的作者及成书年代的问题亦依循杨国荣先生的看法："《大学》并非成于一人之手，其成书年代大致在战国后期至秦汉之际"（同上书，第151页）。

[2] 《大学》、《中庸》都有"慎独"之说，《中庸》在其首章云："天命之谓性，率性之谓道，修道之谓教。道也者，不可须臾离也，可离非道也。是故君子戒慎乎其所不睹，恐惧乎其所不闻。莫见乎隐，莫显乎微，故君子慎其独也。"《大学》有言："所谓诚其意者，毋自欺也。如恶恶臭，好好色，此之谓自慊。故君子必慎其独也。小人闲居为不善，无所不至，见君子而后厌然，掩其不善，而著其善。人之视己，如见其肺肝然，则何益矣。此谓诚于中，形于外，故君子必慎其独也。"虽然《大学》《中庸》中的"慎独"略有区别，但其含义相通，因此处主要讨论其对个体之维的强调，故对二者的区别暂不展开。

为",唐代的孔颖达亦注释道:"故君子慎其独也,以其隐微之处,恐其罪恶彰显。故君子之人恒慎其独居,言虽曰独居,能谨慎守道也。"[1]作为个体"修身"、"成己"之修养工夫与道德境界的"慎独"在以下三个方面凸显了个体之维:首先,个体的存在是"慎独"这一修养工夫得以可能的前提,因而,"慎独"中包含着对个体存在的肯定;其次,就个体修养过程来看,"慎独"作为儒家的修身之道,强调的是个体在"独居"、独处之时,仍能"毋自欺",不断地做"诚意"工夫,这无疑既是对个体之"身独"的确认,又是对个体存在价值的注重;再者,"慎独"亦是一种道德境界的体现,就其作为个体经过自身的工夫所达到的修养境界而言,毋庸置疑,其具有属我性。由此,"独"所彰示的个体之维在"慎独"之说中得以突出。

但是,《大学》《中庸》之以"慎独"对独之维的凸显却没有偏离孔子对统一性与个体性思想的定位,而是延续了孔子对通之维的关注。毋宁说,"慎独"之个体的最终指向是社会群体,如《大学》中的"身修而后家齐,家齐而后国治,国治而后天下平"、《中庸》中的成己成物之说,其出发点都是自我的挺立与完善,而整个过程却旨在实现"国治"、"天下平"等社会群体的价值。由之可以看出,就通与独而言,与孔子相比,虽然《大学》《中庸》以"慎独"之说突出了个体之维,但个体仍然以与物、人、群之间通为指向,并从属于社会群体。[2]

---

[1] 郑玄注,孔颖达疏:《礼记正义》,载《十三经注疏》下册,中华书局 1980 年版,第 397 页。

[2] 就"慎独"而言,其个体并非自闭的,而是敞开的、开放的、与物与人通达的。对此,杜维明先生曾作如下论述:"慎独作为《中庸》倡导的一种精神训练方法,虽然是个人的但却不是主观主义的。……儒家传统思想认为,人越是深入内在自我,就越能够实现人与人之间相关性的真实本性。因此,慎独作为一种精神修养,绝非追求那种像原子般的个人的孤僻,而是意在上升到作为普遍人性之基础的真实存在这个层面。"(杜维明:《中庸洞见》,人民出版社 2009 年版,第 31 页)

三、《易传》：内蕴独于通中

《易传》[1]这一早期儒学的经典，其中蕴含着丰富的通的思想[2]，甚至在某种程度上可以说，《易传》的基本思想是通。

在《易·系辞上》中，对"通"作了较为明确的界定："一阖一辟谓之变，往来不穷谓之通。"这既指向自然之维，又涉及人事世界。以此为基点进行分析，《易传》中的通的观念大致具有如下四层内涵[3]：

其一，变通。从自然之维来看，春夏秋冬的变化、昼夜的更替具有无穷性（"往来不穷"），"是故法象莫大乎天地，变通莫大乎四时"（《易·系辞上》），也就是说，自然之变、通具有无穷性、普遍性。从人事世界来看，人类社会时时更新、变化，这就要求身处其中的人们既要知变，又要能正确地应变，在人事作为上"化而裁之存乎变，推而行之存乎通"（《易·系辞上》），以实现尽得天下之利的目标，亦即"变而通之以尽利"（《易·系辞上》）。这种懂得"变通"之人被称作"趣时者"："刚柔者，立本者也。变通者，趣时者也。"（《易·系辞下》）而在社会生活中，"变通"的具体内容，既包括"通天下之志"："夫《易》，圣人极深而研几也。唯深也，故能通天下之志。"（《易·系辞上》）又包含"通神明之德"，"类万物之情"（《易·系辞下》）。此外，在《易·系辞下》中又有"困，穷而通"之说——"穷则变，变则

---

[1] 《周易》分经、传两部分，在此，主要分析《易传》中的"通"的观念。原因在于，《易经》中有关通的思想的表达较为朴素，而《易传》则对其作了一定的展开。在《易传》中，"通"字已多次出现，有二十九次之多，由此可窥见"通"在《易传》一书中的重要性。此外，关于《易传》的作者及成书年代，本书采用现在一般的看法，即《易传》并非出于一人之手，也非成书于一时，它大致在战国中后期形成。

[2] 对于《易传》中所蕴含的通之维，吴根友曾论述道："《周易》的根本精神……在于知变（或曰预变），从而达到御变，处变而不惊。在御变的过程中实现由穷而通，由通而久。变通而恒久，可以视为《周易》一书经、传两部分的基本精神。"（吴根友：《易、庄哲学中"通"的观念及其当代启示》，《周易研究》2012 年第 3 期）

[3] 在此，需要加以说明的是，对《易传》中通的观念所具有的几个方面内涵的分析参考了吴根友先生在《易、庄哲学中"通"的观念及其当代启示》一文中的相关考察，该文载于《周易研究》2012 年第 3 期。

通，通则久"之"变通"的根本精神得以展示，也就是说，变而能通，通而能久，不变则塞则穷。因而，可以说，无论是从自然的变化来看，抑或是就人事世界的变更而言，"变通"都内涵于其中，而它又是《易传》哲学"通"的基本含义。

其二，亨通。所谓"生生之谓易"，通则生成不已，即"亨通"。在《易传》哲学中，整个宇宙是一个有机的生命体，生生不息、生成不已。从自然宇宙的生成来看，它是通过"易有太极，是生两仪，两仪生四象，四象生八卦"（《易·系辞上》）逐次生成的。"太极"作为一个整体，它最初化生分解出"两仪"即阴阳，阴阳交感、相互作用产生了宇宙万物，因而，二者是生成、贯通宇宙中万物的基质和动力："乾坤，其易之门邪？乾，阳物也；坤，阴物也。阴阳合德而刚柔有体，以体天地之撰，以通神明之德。"（《易·系辞下》）在《易传》中，乾坤、阴阳具有着同质性，阴阳交互作用以生万物的过程亦是乾坤阖辟、往来以化生万物的过程。对此，《易·系辞上》有如下论述："夫乾，其静也专，其动也直，是以大生焉。夫坤，其静也翕，其动也辟，是以广生焉。"在此，乾与天、阳相关，坤与地、阴相关，乾坤通过动静、翕辟的交通化生出广大的宇宙。与此相似的论述还有："大哉乾元，万物资始，乃统天。云行雨施，品物流形"（《易·乾·彖》）；"至哉坤元，万物资生，乃顺承天。……含弘光大，品物咸亨"（《易·坤·彖》）。可以说，在《易传》那里，自然宇宙的生成是由阴阳、乾坤相互交感的方式化生的，亦即"生生不息"。

同时，《易传》亦对人类社会及其秩序的生成模式作了描述："有天地，然后有万物；有万物，然后有男女；有男女，然后有夫妇；有夫妇，然后有父子；有父子，然后有君臣；有君臣，然后有上下；有上下，然后礼仪有所错。"（《易·序卦》）在此，《易传》既展示了万物的生成与人类社会进化的过程，又呈示出二者在自身生成问题上的同源性。也就是说，人类社会及其秩序与自然宇宙都是阴阳交互作用、乾坤阖辟、往来而"天施地生"（《易·益·彖》）的显现和结果。与之相反，

"天地不交而万物不通"(《易·否·象》),"生生不息"之"亨通"的重要性由此得以彰显。

其三,会通。所谓"会通",即融会、贯通,无所不能通达。在《易·系辞上》中有"圣人有以见天下之动,而观其会通"之说,具有"会通"精神的"大人"是能够与天地、日月、四时、鬼神相通的人:"夫大人者,与天地合其德,与日月合其明,与四时合其序,与鬼神合其吉凶。先天而天弗违,后天而奉天时,天且弗违,而况于人乎,况于鬼神乎?"(《易·文言》)与之相关,"天下同归而殊涂,一致而百虑"(《易·系辞下》)则既是对"天下"大通的确认(所谓"同归"、"一致"即体现了这一点),又展现了"会通"在社会生活中的具体表现。同时,"会通"所内含的"贯通"之义,则较为清晰地体现在"弥纶天地之道"中:"易与天地准,故能弥纶天地之道……范围天地之化而不过,曲成万物而不遗,通乎昼夜之道而知。"(《易·系辞上》)

其四,感通。在《易传》中,有"感而遂通"之说:"《易》无思也,无为也,寂然不动,感而遂通天下之故。"(《易·系辞上》)这一"感通"在《易·咸·象》中得到了非常明确的表述:"咸,感也。柔上而刚下,二气感应以相与,止而说。……天地感而万物化生,圣人感人心而天下和平。观其所感,而天地万物之情可见矣。"显然,"感通"既包含着阴阳交感、相通而化生万物之意,也包含着由阴阳交感而化生出的天地万物彼此之间的"感而遂通"[1]。

然而,"感通"既有其实现的根据,又有其实现的方式。就天地万物之间的感通而言,"气"是其能够得以实现的根据。如在《易·说卦》中,有如下表述:"天地定位,山泽通气";"山泽通气,然后能变

----

[1] 值得注意的是,"感通"的两重内涵中,阴阳交感、相通而化生万物这一重内涵已在"亨通"部分中进行了论述。在此,主要侧重于万物之间的"感而遂通"的探析。这无疑展示出《易传》中的"通"所具有的几个方面的内涵是彼此相关、紧密相联,而非相互隔绝的。因而,对其通的思想所作的分析并不是贸贸然地将其加以划分,其旨在更深入地探究其内涵,而这一分析亦基于《易传》之"通"的整体性。

化，既成万物也"。也就是说，阴阳二气交感、相通实现了自然界中万物之间的沟通，在此，"气"既是万物之间能够感通的根据，又是其媒介，从而使天地万物之间的感通得以实现。所以，"天地万物之间的'感通'是通过'气'来实现的。……'感通'其实即是'气通'"[1]。就感通实现的方式来说，在"天地交而万物通也，上下交而其志同也"（《易·泰·彖》）的感通实现过程中，则有应同与相睽[2]两种感通方式。所谓应同感通体现在"同声相应，同气相求"（《易·乾·文言》）之中，而相睽感通则在"天地睽而其事同也，男女睽而其志通也，万物睽而其事类也。睽之时用大矣哉"（《易·睽·彖》）中得以呈现，二者作为感通的方式丰富了《易传》的感通思想。

上述通的四层内涵只是概括而言，并没有穷尽《易传》中所有通的思想。此外，还有一些关于通的表述，在此不再赘述。统观《易传》全书，在某种程度上可以说，其根本精神在于通。

然而，在《易传》一书中，又内在地蕴含着对多样性、个体性、差异性的承诺，这体现在"万"、"各"、"变"等概念之中。如前文所引述的，"大哉乾元，万物资始，乃统天。云行雨施，品物流形"（《易·乾·彖》）。"至哉坤元，万物资生，乃顺承天。含弘光大，品物咸亨。"（《易·坤·彖》）阴阳交感化生出宇宙万物，而用"万"来形容"物"，无疑展示了所化生出的"物"之多，多样性由此得以呈示。一般而论，物之多样性，同时暗含着一物之为一物的独特规定，以及该物与他物之间的差异。在《易传》中，后者以"各"来表述："乾道变化，各正性命。"（《易·乾·彖》）也就是说，阴阳、乾坤所化生出的万物皆有自身的"性"与"命"，从万物自身的角度来说，此为"各"。而万物"各"有的"性""命"既构成了该物之为自身的独特规定，从而区别于他物，又使得万物具有不同的"位"："六爻之动，三极之道也……爻者，言乎变者也"；"天地设位，而易行乎其中矣"（《易·系辞上》）。

[1] 吴根友：《易、庄哲学中"通"的观念及其当代启示》，《周易研究》2012年第3期。
[2] 睽，即背违、对立，所谓"睽者，乖也"（《易·序卦》）。

万物之"各"互不相同，既多样（所谓"万"），又有差异（"性"、"命"不同，"位"不"一"）。与此相关的是对"变"的强调，《易传》中的"变"无疑以对万物之间所具有的差异性的肯定为前提，因为只有承认差异性，"变"才得以可能。

值得注意的是，虽然在《易传》中，以物为载体，"万"、"各"、"变"等概念内含着多样性、个体性、差异性，但却隐而不显，不仅从属于其"通"的思想，而且内蕴于其中。正如万物之"位"虽不"一"，但"位"与"位"之间却又是相通的，所谓"天下之动，贞夫一者也"（《易·系辞下》）。也就是说，"位"与"位"之间一如阴阳、天地之交感不已，亦持续不断地交互作用、转化，并最终通而为一。就个人而言，每个人都具有自身特定之"位"，并在其中展开自身的行动，但该行动旨在通过与世界万物的相感、互通，以达致与天地、日月、四时、鬼神互摄相融的会通之境。

可以说，在《易传》中，既内含着丰富的通的思想，又暗含着对个体性、多样性的承诺，但后者却隐而不彰，并内蕴于前者之中。基于此，二者之间并不存在内在的紧张关系。毋庸置疑，《易传》中关于统一性与多样性的思想，既没有离开儒学的传统，又展示出自身对该问题的独特看法，并推进了这一问题在中国哲学史上的发展。

第二节　墨子："兼爱""尚同"之重"通"

作为先秦时期重要的思想家，墨子对孔子之"仁"进行了激烈的批判，并提出"兼爱"来与之相对立。[1]

在《墨子》中，墨子指出了孔子所主张的在亲疏尊卑之间"爱有差等"之弊："亲亲有术，尊贤有等，言亲疏尊卑之异也。"（《墨子·非儒下》）这种有差等之爱，不仅使人"各爱其家，不爱异家"、"各爱其

---

[1]《吕氏春秋·不二》中说，"孔子贵仁，墨翟贵兼"。

国，不爱异国"（《墨子·兼爱上》），并最终导致"国之与国之相攻，家之与家之相篡，人之与人之相贼"（《墨子·兼爱中》）的结果。针对此弊，墨子提出"兼相爱"（《墨子·兼爱中》）的主张，并进一步解释道"兼即仁矣，义矣"（《墨子·兼爱下》）。在他看来，"爱"是不应该有亲疏、厚薄的差别的，相反，天下之人则应"爱人若爱其身"（《墨子·兼爱上》）、"为彼，犹为己也"（《墨子·兼爱下》）。只有在"视人之身若视其身"的基础上，扩展开来，以至于"视人之家若视其家"、"视人之国若视其国"（《墨子·兼爱中》），才能化解矛盾、消弭斗争，达致"和调"的社会图景。

同时，墨子的"兼爱"涵盖了兄弟、父子、君臣、大夫、诸侯等各种社会关系，这在《墨子·兼爱上》中有较为集中的表述："若使天下兼相爱，爱人若爱其身，犹有不孝者乎？视父兄与君若其身，恶施不孝？犹有不慈者乎？视弟子与臣若其身，恶施不慈？故不孝不慈亡有。犹有盗贼乎？视人之室若其室，谁窃？视人之身若其身，谁贼？故盗贼亡有。犹有大夫之相乱家，诸侯之相攻国者乎？视人家若其家，谁乱？视人国若其国，谁攻？"可以看到，"兼爱"指向了所有人，所有的人不仅作为施"爱"之主体而存在，亦作为受"爱"之对象而存在。就前者而言，"兼爱"要求其要像爱自己一样同时爱其他所有的人；同时，这一主体又是自身之外的所有人"爱"之对象。毋宁说，"兼爱"具有双向性，是人与人之间双向的互爱与沟通。因而，"兼爱"无分于亲疏、贵贱，具有无条件性和无差别性，是一种视人如己的普遍之爱。对此，张岱年先生曾指出："兼爱是不别亲疏、不分远近的普遍的爱。……兼爱就是爱一切人。"[1]

就墨子的"兼爱"所蕴含的爱人的内涵来看，它与孔子的"仁"一致，体现着人道的精神。同时又承认了人我（"彼"与"己"、"其身"与"人之身"、"其家"与"人之家"、"其国"与"人之国"等）之异、亲疏

[1] 张岱年：《仁爱学说评析》，《孔子研究》1986 年第 2 期。

（"父"与"子"、"兄"与"弟"、"君"与"臣"等）之分及强弱、众寡、贫富、贵贱、诈愚之别[1]，并将其作为事实性的存在加以确认。就此而言，墨子的"兼爱"思想无疑给个体性原则留了一定的位置。[2]但不容忽视的是，对墨子来说，这种有区别的存在虽是事实，但不应停留在区别之上，应以普遍的爱即"兼爱"去敉平各种界限，以达致人与人之间的平等、相通。因而可以说，相对于孔子的有差等之爱，"兼爱"作为人与人之间的普遍之爱，显然使人我之间的通之维得以强化。

值得注意的是，"兼爱"中亦渗透着一种为他的倾向（所谓"为彼，犹为己也"），这一倾向又与墨子政治上的"尚同"主张相联系。对于"尚同"，墨子作如下表述："天子发政于天下之百姓，言曰：'闻善而（与）不善，皆以告其上。上之所是，必皆是之；所非，必皆非之；上有过则规谏之，下有善则傍（访）荐之。'"（《墨子·尚同上》）也就是说，与在上者保持一致是"尚同"的重要内容，据此，最高统治者就可以按其意图来统一天下之"所是"、"所非"。在这里，"尚同"无疑内含着在上者与在下者之间在观念领域的通而为一，所谓"同"即彰示了这一点。而在"尚同"的过程中，在下者作为个体，其独立性与价值则被忽视。对此，杨国荣先生曾论述道："尚同的主张……固然注意到了个体的社会认同，但对个体的自我认同与主体的独立人格则未免有所忽视：在上同而不下比的原则下，个体的价值多少淹没在统一的意志之中。"[3]

可以看到，在墨子那里，从人道观上的"兼爱"到政治上的"尚同"，都彰显出其对通之维的突出与强调，与之相辅相成的则是其对个

---

[1]　《墨子·兼爱中》有如下表述："天下之人皆相爱，强不执弱，众不劫寡，富不侮贫，贵不敖贱，诈不欺愚。"即以确认强弱、众寡、贫富、贵贱、诈愚等区别的存在为前提。

[2]　张岱年先生曾说："墨子的兼爱学说并没有提出废除等级差别的要求。……贫富贵贱的区别还是存在的，不过不相欺凌、和平共处而已。墨子……没有主张消除贵贱的区分。"（张岱年：《仁爱学说评析》，《孔子研究》1986年第2期）

[3]　杨国荣：《善的历程：儒家价值体系研究》，华东师范大学出版社2009年版，第71页。

体性原则的忽视。基于此，孟子之辟墨[1]，既是从亲亲的原则出发以维护孔子之"仁"学，又不满于墨子对个体性原则的弱化。庄子亦有见于墨子"兼爱""尚同"思想的如上倾向，同样对之持否定的态度，所谓"以此自行，固不爱己"（《庄子·天下》）即表明了这一点。

第三节 《老子》、杨朱的通与独

一、《老子》之尊道贵德：统一性原理与个体性原理的双重确认

《老子》作为先秦时期的重要典籍之一，在其思想中，虽有关于"通"与"独"的语词，但二者并非作为重要的哲学概念而出现。[2]就通与独所体现的统一性原理与个体性原理而言，在《老子》哲学中，"道"与"德"、"无"与"有"作为两对核心概念，《老子》以"尊道而贵德"（《老子·第五十一章》）的思想，展示着其对统一性原理与个体性原理这一问题的关注与解决。

对于"道"，《老子》主要是从形而上的视域进行探讨的，所谓"道生一，一生二，二生三，三生万物"（《老子·第四十二章》）即表明"道"是天地万物的起源，是万物的根据。换言之，《老子》之"道"既蕴含着无所不包、通达的"通"之意，又在作为万物之本根的层面上包含着"独"之义。这在《老子·第二十五章》中有更为明确、具体的论述："有物混成，先天地生，寂兮寥兮，独立而不改，周行而不殆。可以为天下母，吾不知其名，字之曰道，强为之名曰大。"这里，一方面，

---

[1] 针对墨子的"兼爱"之说，孟子批判道："墨氏兼爱，是无父也。无父无君，是禽兽也。"（《孟子·滕文公下》）

[2] 关于"通"，在《老子·第十五章》中，有"古之善为道者，微妙玄通，深不可识"的论述；关于"独"，在《老子·第二十五章》中，有"有物混成，先天地生，寂兮寥兮，独立而不改，周行而不殆。可以为天下母，吾不知其名，字之曰道，强为之名曰大"的论述。显然，这两处引文中的"通"或"独"并不是重要的哲学概念。毋宁说，通与独在《老子》那里，是其哲学中的核心概念——"道"的特征。

"道"被视为"混成"之"物","混"是相对于已分化的个体而言的,它所呈现的主要是混而为一的无分性,以此来规定"道",展示的是"道"所具有的统一性的品格;而"道"之"周行而不殆",从事物发展过程的角度,展示了其所具有的普遍性的品格。[1]另一方面,"独立而不改"与"可以为天下母",所彰显的是"道"之"独"[2]:所谓"独立而不改",表明"道"之在、之行都以自身为原因,从而不依存于外部对象;而"可以为天下母"则既确认了"道"对于万物之生、之成的本原性,又隐含着"道"不可由自身之外的他物所生。因而,可以说,《老子》的"道"既具有生成万物、包容万物、通达万物的通之品格,又是先于天地、万物而自我统一的。

对于具有形而上性质的"道"如何过渡到形而下的"物"这一问题,《老子》引入了"德"这一概念:"道生之,德畜之,物形之,势成之";"道生之,德畜之,长之育之,亭之毒之。"(《老子·第五十一章》)所谓"德",即有得于"道"或由"道"而获得的具体规定。在《管子·心术上》中,对道与德的关系作了明确的阐述:"德者道之舍……故德者得也,得也者,其谓所得以然也。以无为之谓道,舍之之谓德,故道之与德无间。"在此,"德"这一范畴的本来含义得以展示。而《老子》的"道生之,德畜之",既展示了"德"与"得"的这种联系,又意味着"德"成为"道"生"物"的桥梁。因而,道作为万物的本根,而德则是具体之物的根据。就此而言,形而下之物的生成、发展过程,既以"德"为现实的出发点,又呈现为"德"的展开。

相对于"道"所具有的统一性、普遍性的品格,"德"则更多地表现出与个体性的关联。在《老子》中,和"道"与"德"相关的,

---

[1] 在《老子·第四章》中,有"渊兮,似万物之宗;湛兮,似或存。吾不知谁之子,象帝之先"的论述,在《老子·第三十四章》中有"大道泛兮,其可左右。万物恃之而生而不辞,功成不名有"的论述,表明道包容万物、遍在于万物之中,所彰显的亦是道之普遍性。

[2] 这里的"独"指的是《老子》的"道"所具有的自我统一性。

是"无"与"有"这一对范畴:"道"作为超验存在,其所具有的统一性、未分化性,意味着它无具体的规定,在这一意义上,可以说其是"无";"德"则有得于"道",从而获得了具体的规定,呈现出某种"有"的形态。在《老子·第一章》中有"无,名天地之始;有,名万物之母"的表述;在《老子·第四十章》中有"天下万物生于有,有生于无"的论述。在此,作为存在的根据、本原,"无"与"道"相通,主要展现的是统一性的原理;而作为万物之生、之成的现实出发点,"有"与"德"相近,主要体现的是个体性的原理。

可以看到,《老子》既对"道"与"德"、"无"与"有"进行了双重确认,又肯定了"道"与"德"、"无"与"有"之间的互动,从而表现出沟通统一性原理与个体性原理的理论趋向。这在《老子·第五十一章》中"万物莫不尊道而贵德"的表述中得到了较为鲜明的体现。对此,刘笑敢提出了自己的看法:"道是普遍流行的,德是一物之所得;道是万物之根据,德是一物之根据;道是总,德是分;道与德分而有别,合而为一,本无间隔。"[1]换言之,在《老子》哲学中,普遍之"道"与具体之"德"所彰显的统一性原理与个体性原理不仅得到了双重确认,而且在"道"与"德"的互动过程[2]中,二者相互沟通,彼此交融。

二、杨朱之"为我":个体性原则的高扬

杨朱作为先秦时期道家的思想家[3],他发展了《老子》关于个体性的思想,形成了"为我"、"贵己"的学术主张,以对个体生命的重视、个体独立人格的强调,高扬了个体性原则。

---

[1] 刘笑敢:《庄子哲学及其演变》,中国人民大学出版社 2010 年版,第 135 页。

[2] 在《老子》中,一方面,从"道"到"德"的进展过程中,物由以生;另一方面,物既生之后,又须不断向"道"复归。

[3] 冯友兰先生曾说:"我认为杨朱是道家的创始人之一。在孟子的时候,他的影响最大,所以孟子就把他作为道家的领袖,进行批判。"(冯友兰:《先秦道家哲学主要名词通释》,《北京大学学报》1959 年第 4 期)

就杨朱对个体生命的重视而言，从总体上看，《吕氏春秋·不二》有"阳生贵己"之说，《淮南子·氾论训》中有"全生葆真，不以物累形，杨子之所立也，而孟子非之"的论述。在杨朱看来，保全个人的生命，注重自身的修养，维护原有的真性，不受功、名、利、禄之类外物的制约，是人之生的最高目的。对于杨朱之"重生"，韩非子曾说过："今有人于此，义不入危城，不处军旅，不以天下大利易其胫一毛。世主必从而礼之，贵其智而高其行，以为轻物重生之士也。"（《韩非子·显学》）所谓"不以天下大利易其胫一毛"，足见杨朱对个体生命之重视，这一思想又在如下论述中得到了更为具体的阐发："今吾生之为我有，而利我亦大矣。论其贵贱，爵为天子，不足以比焉；论其轻重，富有天下，不足以易之；论其安危，一曙失之，终身不复得。此三者，有道者之所慎也。"（《吕氏春秋·重己》）在此，"天下大利"具体化为"爵为天子"、"富有天下"，但在杨朱眼中都比不上"吾生"之宝贵。

与总体上对"吾生"之注重相关，在较为具体的层面，杨朱亦提出了自己的"贵生之术"、"全生之道"，这在如下论述中得到较为集中的体现："圣人深虑天下，莫贵于生。夫耳目鼻口，生之役也。耳虽欲声，目虽欲色，鼻虽欲芳香，口虽欲滋味，害于生则止，在四官者，不欲利于生者则弗为。由此观之，耳目鼻口不得擅行。……必有所制，此贵生之术也。"（《吕氏春秋·贵生》）"是故圣人之于声色滋味也，利于性则取之，害于性则舍之，此全性之道也。"（《吕氏春秋·本生》）可以看出，对于"声色滋味"之类的物质欲望，杨朱既给予了充分的肯定，又对之作了一定的限制。但无论是肯定还是限制，都是基于"全生"这一最高目标：满足"耳目鼻口"的欲望，是为了使个体的生命得以延续；节制个体对于声色滋味的欲望，乃是为了使其不至于为外物所累。显然，杨朱清楚地认识到了"耳目鼻口"之欲对于个体之"生"的两重性，在他看来，欲望之满足或节制都必以"贵生"、"全生"为根本和最高目的。

在杨朱那里，通过对人生命的注重，及要求合理满足人的物质欲望，不仅对人的个体存在予以了肯定，而且从个体生命的角度高扬了人的独立性及价值。[1]但是，杨朱这种视个人生命为至上、以"为我"排斥"为天下"的主张，从理论上看，片面地夸大了个体性原则，并最终倒向了自我中心主义。孟子显然有见于此，与对墨子"兼爱"、"尚同"之说片面突出"通"之维持否定的态度相一致，对杨朱之"为我"论亦持批判的态度[2]，这确实在一定意义上指出了杨朱片面突出个体原则之偏。

综上所述，在先秦时期，从形式上看，一些思想家的思想中并没有直接出现通、独的范畴，但是中国哲学的诸多学派却都有着关于统一性与个体性、普遍性与特殊性的相关论述。因而，在某种意义上可以说，他们在实质的层面涉及了通与独，只是通与独既没有在其中成为真正意义上的哲学概念，又不如在庄子思想系统中地位显要。在庄子思想中，通与独已上升为重要的哲学概念，并对理解庄子的哲学思想有着不可忽视的作用。

第四节　庄子思想中通与独之含义

在中国哲学史上，庄子是继老子之后，对道家哲学及其发展有着非常重要贡献的哲学家。就通与独而言，作为庄子思想中重要的哲学概念，二者并非限于语词自身，而是更多地以观念的形态，贯穿于庄子哲学系统之中。同时，庄子之通与独，是历史的产物，它继承和发

---

[1] 对此，王博曾说："在哲学史上，杨朱第一个站在生命的一面突出了生命与外物的矛盾，这使他成为庄子的先驱。……他对生命的强调无疑给庄子做了最好的铺垫。"（王博著：《庄子哲学》，北京大学出版社2004年版，第19页）

[2] 在《孟子·尽心上》中，对于杨朱的"为我"论，孟子批判道："杨子取为我，拔一毛而利天下，不为也。"在《孟子·滕文公下》中，孟子对墨子、杨朱的批判，言辞更加犀利："圣王不作，处士横议，杨朱、墨翟之言盈天下。天下之言不归杨，则归墨。杨氏为我，是无君也；墨氏兼爱，是无父也。无父无君，是禽兽也。"

展了《老子》有关统一性与个体性的思想[1]，亦以批判性的态度从儒、墨两家的有关思想中，汲取了积极的因素，从而使自身对通与独之间的考察，既具有深沉的哲学内涵，又展示了独特的个性品格。

一、通的二重含义

通，作为贯穿庄子整个思想系统的核心概念之一，以"道通为一"和"以道观之"为其深沉内涵，二者分别从存在的图景与把握存在的视域上展示了庄子对统一的存在形态的关注。由此，揭示出庄子之通所具有的二重含义：一为存在之通；一为视域[2]之通。

---

[1] 吴根友先生曾指出："老子之'道'虽未直接与'通'相关，但具有通达万物、包容万物的通性，而且道本身具有开放的、自在的通性……庄子哲学在道论方面继承了老子的思想，然在'道通为一'，与天地精神为伍等观念方面超越了老子。……依我之见，庄子对老子'道论'的发展，其最根本之处在于揭示了'道'之'通性'。……老子哲学也包含了道的'通性'，但没有揭示'道通'的特征。……《庄子》一书，多次而且明确地运用了'道通'的词语。……庄子已经开始从'通性'的角度来解释'道'的特征。他努力从通性的角度来进一步消解老子'道论'之道所带有的实体性特征，而要求将道转换成一纯粹的非实体性之'状态'。……庄子意识到了道之为道的根本道理在于道之'通性'，然而庄子无法摆脱思想传统的束缚，更进一步地意识到正是因为'通性'使道成为道。所以他的哲学还是以道为核心，并且有时将道与天混同起来，体现了庄子哲学试图突破老子道论又无法完全摆脱老子道论的思想企图。"（吴根友：《易、庄哲学中"通"的观念及其当代启示》，《周易研究》2012 年第 3 期）显然，就"通"而言，吴根友先生有见于庄子哲学对《老子》之"道"的继承与发展。同时，需要指出的是，就"独"而言，庄子哲学继承与发展了《老子》的相关思想，既以"德"为"独"之形上根据，又对个体（包括物、人）的存在及其意义问题给予了深切的关注，从而既展开了《老子》中有关个体性的思想，又突破了其形上的考察方式，开始从形而上的维度向形而下的层面过渡，而这构成了庄子哲学的独特之处。对于从《老子》到庄子这一致思趋向的转变，徐复观先生指出："宇宙论的意义，渐向下落，向内收，而主要成为人生一种内在的精神境界的意味，特别显得浓厚"（徐复观：《中国人性论史·先秦篇》，上海三联书店 2001 年版，第 322 页）

[2] 对于视域，倪梁康曾分析道："所谓'视域'（Horizont），通常是指一个人的视力范围，因而它是一种与主体有关的能力。它是有限的：即使视域不为事物所阻挡，它的最大范围也就是天地相交的地方，即地平线。……但'视域'又可以说是开放无限的：随着主体的运动，'视域'可以随意地延伸；对于主体来说，'视域'的边界是永远无法达到的。……因此，'视域'的有限性与被感知的实在性有关，'视域'的无限性与未被感知的可能性有关。……简单地说，哲学意义上的'视域'不仅仅与生理—物理的'看'的范围有关，而且与精神的'观'的场所有关。"（倪梁康：《现象学及其效应——胡塞尔与当代德国哲学》，生活·读书·新知三联书店 1994 年版，第 262—263 页）

　　就存在的图景而言，在庄子那里有着两种世界图景：其一为未始有物或者未始有封的本然形态，其二为分化的现实世界。具体而论，未始有物或者未始有封的本然形态，即超然于本体论上的有无之分、时间上的先后之别的本然之在，亦被理解为玄同的世界、原始的混沌："有始也者，有未始有始也者，有未始有夫未始有始也者。有有也者，有无也者，有未始有无也者，有未始有夫未始有无也者。俄而有无矣。而未知有无之果孰有孰无也？"（《庄子·齐物论》）"泰初有无无，有无名，一之所起，有一而未形"（《庄子·天地》）。这种本然的存在作为世界的原始之在，呈现的是浑而未分的统一形态，其具有已然与应然的双重特征。换言之，这种存在图景既是世界的原初存在形态、本然世界，又表现为世界之在的理想形态。相对于本然之在，分化的现实世界作为存在的既成形态，以"分""异"为其特征："万物殊理"、"四时殊气……五官殊职"（《庄子·则阳》）等等。显然，这种存在图景并不合乎庄子的理想，但它作为存在的现实形态、现实之在，具有实然的特征。与存在图景的分疏[1]相应，存在之通亦表现为两重内容：一为本然世界中的浑而未分之通；一为现实世界中的分而齐之[2]之通。这亦可看作是"道通为一"的具体化。对庄子而言，道作为存在的根据，内在于不同的存在图景之中。由于"道未始有封"（《庄子·齐物论》），因而，在未始有封的世界的原始之在中，通表现为浑然未分的原始之通，同时，这种原始之通亦被赋予理想之通的特征；而在分化的现实世界中，通则表现为既分之后的通，亦即存在图景上的分而齐之。这种分而齐之有其本体论上的根据：首先，在质料的层面，"通天

---

[1]　具体而论，存在图景的分疏即从自然的融合到自然的分离的过程。

[2]　分而齐之既具有本体论的意义，又具有认识论的维度。在此，是在本体论意义上使用：分化的现实世界以区分和差异为其特征，在自然的层面，其具体展开为万物；在社会的层面，又展开为纷杂的社会现象及更替的社会形态。但以"分"和"异"为特征的现实之在却仍具有通之特征，并有着其本体论上的根据。换言之，表面上，现实之在呈现为相分的万物、纷杂的社会现象及社会形态，而从实质的层面来看，现实之在不仅以通为根据，又以通为指向。就此而言，现实之在彰显出分而齐之的本体论维度。

下一气耳"(《庄子·知北游》),以"一"于气为现实之在之所以能够通的前提;其次,从物与其存在根据的关系上,道之"无所不在"(《庄子·知北游》)不仅肯定道之普遍性,亦消解了现实之在的界限性。显然,这两者使得分化的现实之在在分的形态下具有着通的特征。而对于存在之通而言,不管是本然世界中的浑而未分之通,还是现实世界中的分而齐之之通,都内蕴着秩序之维。对于本然世界而言,作为世界的原初之在,既展示了原始的统一形态,又呈现出自身的秩序性;对于现实世界而言,秩序之维既体现在天地之间,又体现于社会之"治",并最终反映于人的精神世界。在体现有序性、条理性这一意义上,二者并无不同。但是,在本然世界中,由于存在尚未分化,因而,其所蕴含的秩序性具有隐含的性质;在现实世界中,其秩序性既具有现实性,又是理想的形态,前者体现在自然的领域,后者则体现于社会的领域。由此,可以看到,存在的图景及与之相关的存在之通,所展示的是存在本身,具体而论,即存在是什么和如何是。

　　从把握存在的视域来看,通则主要表现为视域之通。与存在图景的二分相应,视域之通主要对应于分化的现实世界。如上所述,未始有物或者未始有封的本然世界呈现的是浑而未分的统一形态,其间不存在分、异,故其通,但通在其中也具有着隐含的性质。如此一来,人在本然世界中如物一般,并没有从物中脱离出来。对于这种本然或自在的世界,马克思认为:"人不仅仅是自然存在物,而且是人的自然存在物"[1],因而,"被抽象地理解的,自为的,被确定为与人分隔开来的自然界,对人来说也是无"[2]。从这一意义上来说,由于其自在性,故本然世界对于人并无实际意义。与之不同,现实世界已分化为多样的形态,它虽不合乎庄子的世界之在的理想形态,但它作为实然,是存在的现实形态,亦是人生存于其间的世界,对于人来说,"他必得生存

────────────

[1]　马克思:《1844年经济学哲学手稿》,人民出版社2000年版,第107页。
[2]　同上书,第116页。

于其间，他仅能生存于其间"[1]。因而，视域之通只能以分化的现实世界为其本体论前提。但是，这并不意味着世界之在的原始形态与人当下视域的形成毫无关联，一如伽达默尔所说："如果没有过去，现在视域就根本不能形成。正如没有一种我们误认为有的历史视域一样，也根本没有一种自为的现在视域。"[2]所以，当下的视域之通既奠基于作为实然的、已分化为多样形态的现实世界，又蕴含着对作为已然的、通而为一的原初之在的理解与认同，可以说，"当下的视域是持续发生作用的传统不断'叠加'、'积淀'的结果，所以它本身包含着一定的历史视域"[3]。而对世界原初之在的认同、向往无疑彰显了其应然性的一面，从而使得这一存在图景成为庄子眼中的理想之在。尽管无现实世界人不可生存，但只有对现实世界的依循、而没有对理想之在的追求则又是不完整的人，或者说只是如物般的存在，而不是真正意义上的人。在某种程度上，这与马丁·布伯的看法类似："原初词之精神实在产生于自然实在。'我—你'源于自然的融合，'我—它'源于自然的分离。"[4]由此，庄子以其本体论上的分而齐之之通为依据，试图通过"以道观之"，即视域的转换，使得纷杂、多样的存在形态由分走向通，并最终把握既分之后的通："以道观之，何贵何贱？……泛泛乎其若四方之无穷，其无所畛域。兼怀万物，其孰承翼？是谓无方。万物一齐，孰短孰长？"（《庄子·秋水》）而这一过程同时赋予分而齐之以认识论的内涵。基于此，视域所具有的生成性得以展示，正如伽达默尔所说："Horizont……不是僵死的界限，而是某种随同变化而继续向前移动的东西。"[5]

---

[1] 马丁·布伯：《我与你》，陈维纲译，生活·读书·新知三联书店 2002 年版，第 29 页。
[2] 伽达默尔：《真理与方法：哲学诠释学的基本特征》，洪汉鼎译，上海译文出版社 2004 年版，第 396 页。
[3] 倪梁康：《现象学及其效应——胡塞尔与当代德国哲学》，生活·读书·新知三联书店 1994 年版，第 279 页。
[4] 马丁·布伯：《我与你》，第 21 页。

[5] 伽达默尔：《真理与方法：哲学诠释学的基本特征》，第 318 页。

在庄子那里，不管从存在的图景或者把握存在的视域上看，都在本质上展示着人与世界的关系：把握存在的视域固然是人对世界之观，而存在的图景毋宁说既是人对世界之观之本体论前提，又在一定意义上是人对世界之观之结果——人对世界的再现，庄子之赋予原始之在以已然与应然的性质[1]，赋予现实之在以实然的性质，便显示了这一点。在此意义上，存在之通与视域之通本身呈现出其相通性。

二、独的二重含义

综观《庄子》全书，其对"独"的强调是显而易见的。对此，徐复观先生认为"《庄子》一书，最重视'独'的观念"[2]。如前文所述，从语词意义来看，"独"有单独、独自、唯一之意，又有独特之意，引申开去，亦指孤独。

相应于此，独这一观念在庄子那里常用来表达个体性的规定："遗物离人而立于独也"（《庄子·田子方》）；"块然独以其形立"（《庄子·应帝王》）；"出入六合，游乎九州，独往独来，是谓独有。独有之人，是之谓至贵"（《庄子·在宥》）等等。具体而论，以确认个体之存在为前提，其展开为两重内涵：唯一或独一之独，体现或突出的是个体的独特性或唯一性；而"独往独来"体现的无所依傍所指向的则是独立的精神。这两重内涵使独所蕴含的个体性原则从不同的维度上得到了展开：其一，个体在形而上的层面呈现为物，就人的存在而言，个体则是指个人。对于个人作为个体的基本形态之一，斯特劳森指出："个人的概念是原初的实体概念，可以运用于个体性的实体"，"其

---

[1] 庄子赋予本然形态的原初之在以已然的性质，显然是其对世界之观的结果，其中包含着对世界之在的回顾、对人类自身历史的回顾，正如马克思所说："正像一切自然物必须形成一样，人也有自己的形成过程即历史，但历史对人来说是被认识到的历史。"（马克思：《1844年经济学哲学手稿》，第107页）同时，庄子赋予本然世界以应然的性质，说明其对世界之在、人之在未来向度的关注，而这种关注则基于对分化的现实世界作为实然的不满。无论从哪个维度来看，庄子的存在之通所包含的两重内容，都是其对世界之在的、人之在之过去、现在、未来的认识。

[2] 徐复观：《中国人性论史·先秦篇》，第348页。

原初性就在于它无法再以某种或某些方式加以分析"[1]。而杨国荣先生在分析个体性原理时亦指出:"个体性原理首先以肯定个体的真实性为内容,这里的个体既涉及物体或具体的事物(thing),也包括个人(person)。在本体论的层面,个体性原理意味着确认个体的独特性,后者不仅表现为占有特定的时空位置,而且以个体的差异为内涵。"[2]对个体的独特性的确认不仅表明任何一个个体都是独一无二的、唯一的,同时又蕴含着对特殊性、多样性的允诺。宽泛而言,个体既表现为具有多样性、特殊性的事物,又表现为规定该事物成为该事物的德、性、理:"物得以生谓之德"(《庄子·天地》),"以德为本"(《庄子·天下》),"万物殊理"(《庄子·则阳》)等等。因而,德成为独之体现,其作为个体之"独有"品格的根据,在更内在的层面上表现为殊性、殊理,并展开为物与物之间、物与人之间、人与人之间的区别、差异,亦内蕴着个体之间的自在与共在的关系。

其二,"独往独来"在确认个体之独特性的同时,其主要的意义之维是个体精神的独立。对庄子而言,精神之独是个体对独立而自由的精神境界的追求,逍遥游即体现了这一至上的精神境界。相应于此,精神之独既具有过程的性质,又作为理想的精神之境而存在。就前者而言,这种精神之独不仅内含"独"之维,亦包含"一"在其中:它既以个体的存在为自明的前提,又重视个体的内在品格的挺立与完善,所谓"执道者德全"(《庄子·天地》),"德全"作为个体之为个体的内在本质性规定的充实,不仅展示出个体内在精神的完备与独立,亦体现了个体精神世界内在的统一性。对理想的精神境界的追求,"精神或意识活动虽处于过程之中,但依然体现其内在的统一性"[3]。在此意义上,精神之独所包含的"一",指的是在理想之境的追求过程中须保

[1] 参见 P.E.Strawson, *Individuals—A Essay in Descriptive Metaphysics*, Methuen &Co. LTD, 1959, p.104。
[2] 杨国荣:《庄子的思想世界》,北京大学出版社 2006 年版,第 164—165 页。
[3] 同上书,第 173 页。

持个体内在精神世界的统一。毋宁说，个体只有守护其精神世界的统一，才能在本质上实现自身内在精神的独立，二者的统一，使得逍遥之境能够实现。

作为理想的精神境界之独，则既展示了其对统一性的关注，又是对个体性原则的确认。如"朝彻，而后能见独；见独，而后能无古今；无古今，而后能入于不死不生"（《庄子·大宗师》）。在这里，"独"可以理解为道，"见独"即达道的境界。对庄子而言，"见独"之人超越古今之别、生死之分，达到了物我一体、从容自在的逍遥。庄子将道与"独"相联系，将个体"出入六合，游乎九州，独往独来"（《庄子·在宥》）理解为逍遥于天地之间，使其与逍遥之境相契合，无疑都展示了对"一"与"通"的关注。但是，"见独"是人"见独"，"独往独来"的逍遥游亦须以具有特定规定的个体为承担者，达道的境界、精神的自由均需个体内在精神世界的统一。因而，"独"之境彰显着通，同时，又是对个体性原则的肯定，在一定意义上，可以说，其是通与独的统一。

同时，由精神之独所衍生的，则是情感层面的孤独的倾向。在"独与天地精神往来"（《庄子·天下》）中，这种孤独的向度得以展示出来。在这一精神世界的理想之境中，庄子所称道的个体，其内在的本质性规定超越万物、世俗观念、社会功利而得以挺立，就此而言，可以说其内涵着孤独；而"见独"的方式，则是通过个体的内在体悟，从而使得达道的过程本身是孤独的。但是，个体对于独立而自由的精神之境的追求，基于个体的自主性，出于个体的自愿选择，在此意义上，这种孤独可以说有着积极的意义，而无通常由孤独所致的哀伤。但是，庄子亦承认在个体与群体共在的过程中，当个体不能被他人、群体所理解、认同时，个体的孤独及由之而来的悲伤，如"万世之后而一遇大圣知其解者，是旦暮遇之也"（《庄子·齐物论》），既是对被他人理解的期盼，又暗示着其在现实世界中不被人理解的孤独。因而，情感层面的孤独的消解，指向的是个体之间的理解、沟通。毋宁说，孤独既以本体论上个体的存在为前提，以其"群于人"（《庄子·德充

25

符》)为背景，又指向个体之间的沟通、理解、认同。在这一意义上，人我之间的通使得孤独感消失殆尽。

可以看到，从形而上的层面来看，庄子以"道"与"德"作为通与独的形上根据，通过对"道"与"德"的双重肯定既展示了其对普遍、统一、整体的强调，又体现出其对个体之维的注重，而"道"与"德"的互动亦从形上层面展示出通与独之间的可沟通性。这一思维趋向显然继承了《老子》"尊道贵德"之说，并与其存在着内在的渊源关系。相对于《老子》从形而上的视域来探讨"道"与"德"，庄子在对"道"与"德"作形上思考，并以其为通与独的形上根据的同时，又突破了其形上的考察方式，开始从形而上的维度向形而下的层面过渡，而这构成了庄子哲学的独特之处。

第五节　庄子思想中通与独之间的双向展开及其地位

如前所述，未始有物或未始有封的本然世界浑而未分，其间不存在区分、差异，它更多地表现为本体论层面的逻辑预设和价值论层面的理想形态。显然，在这一世界的原始之在及理想之在中没有独。庄子对于独的论述则是基于分化的现实世界，唯其分化、多样、纷杂的存在形态才得以可能，独所体现的个体性原则才获得了其现实性。因而，通与独之间的展开，以分化的现实世界为基础，并内蕴着二者之间的张力和过渡。世界的原初之在，作为存在于现实之在中的个体的理想形态，引领着其不断超越现实的既分形态之分、别，从而实现视域之通，并再现存在之通。

一、通与独之间的张力

在庄子思想中，存在之通[1]作为通之本体论基础，使得视域之通

---

[1] 与独相关的通，均是在存在之通的第二重含义即现实世界中的分而齐之之通的意义上使用的。

得以可能；而视域之通则使存在之通得以再现，二者的统一突出了庄子对"通"、"一"所展示的统一性的关注。就独而论，不管是个体之独特性、唯一性，还是精神之独，都展示着个体的存在及个体的不可消逝，个体性的原则也由此得以展开。通与独作为不同的概念，具有不同的含义和维度，二者在庄子思想中得以并存，但其展开却呈现出统一性与个体性的张力。

世界的原初之在分化为具体的世界，展现为存在的现实形态。虽然现实世界是多样、纷杂的，但它与世界的原初之在一样，以"一"为其特征："夫天下也者，万物之所一也。得其所一而同焉。"（《庄子·田子方》）"故曰：通天下一气耳。"（《庄子·知北游》）在此，"气"之能通万物，使得已分化的世界虽呈现为多样的形态，具有不同的表现形式，但其仍以"一"而不是分际为其内在的品格。与之相关，道与万物的关系则在更内在的意义上展示现实之在之通："行于万物者，道也。"（《庄子·天地》）"夫道，于大不终，于小不遗，故万物备。广广乎其无不容也，渊渊乎其不可测也。"（《庄子·天道》）"无所不在"（《庄子·知北游》）之道在形而上的层面作为存在的本原、根据，以统一性为内在品格，普遍地存在于大小有别、形态各异的一切对象之中。因而，就形而上的维度而言，具有质料性质的"气"使得天下之万物在质料的层面通而为一；而与万物为一之道则从存在的本原、根据上揭示现实之在之通。以此为基础，现实之在之通在本体论上展开为"道通为一"，意味着在分化或分裂的存在图景背后，有着走向统一而有序的存在形态的根据。同时，庄子赋予统一的存在图景以价值论的内涵。基于此，在认识论上，通展开为"以道观之"，通过齐物、齐物我、齐是非，试图以视域的转换，再现存在图景的统一形态。

但是，庄子对"独"又给予了相当的关注，分化的现实世界作为实然便展现了这一点。如上所述，独以确认个体的存在及价值为前提，既表现为个体的独特性，又表现为精神之独，分化的现实世界是

27

个体的存在背景，又是个体不得不生活于其间的世界。而在现实世界中，个体原则得到了多方面的展开：从本体论上来看，存在形态的多样性与特殊性与"德"的相关："泰初有无无，有无名，一之所起，有一而未形，物得以生谓之德。"（《庄子·天地》）现实世界中之万物是因其获得了具体的规定（"德"）才得以形成。在此，德作为不同事物发生与形成的现实根据，使得天下万物均有其特定的规定："通于天地者，德也。"（《庄子·天地》）而德之深层形态"殊理""殊性"则在更本质的意义上，使得一事物与其他任一事物区分开来，并在从自然到社会的现实之在中得到展开："四时殊气，天不赐，故岁成；五官殊职，君不私，故国治。"（《庄子·则阳》）这样，个体性的原理在存在的各个方面得到了体现。而就价值观而言，本真之"我"、"真人"作为庄子的理想人格，无疑既突出了"我"之作为个体的存在，又以个体内在精神的独立、完备、统一为内涵，这在"古之真人，不知说生，不知恶死，其出不欣，其入不距，翛然而往，翛然而来而已矣，不忘其所始，不求其所终。"（《庄子·大宗师》）中得到了体现。而达到理想之境的过程，即如何得道的过程，则涉及认识论的维度。就此而言，庄子突出了个体的直觉和体悟的作用。"堕尔形体，吐尔聪明，伦与物忘，大同乎涬溟，解心释神，莫然无魂。"（《庄子·在宥》）得道的过程需要个体对感性之形与理性之知的双重扬弃，以净化个体自身的存在。在此基础上，庄子提出"内通""以神遇"的体道方式："夫徇耳目内通而外于心知，鬼神将来舍，而况人乎？"（《庄子·人间世》）"以神遇而不以目视"（《庄子·养生主》）。"耳目内通"表明耳目不再指向外部对象，反身向内并隔绝于"心知"，从而在实质上呈现为直觉。而"以神遇"之直觉性则更显明，以之为体悟道的方式，无疑突出了个体之维。与此相关，庄子认为个体得道的过程是一种"独悟"，"道不可闻，闻而非也；道不可见，见而非也；道不可言，言而非也。知形形之不形乎，道不当名"（《庄子·知北游》）。不可闻、不可见、不可言之道意味着达道的过程需要个体自身对道的直觉、体悟，而不可能依靠别人的传授。"独悟"更进一步地展示了个体性的原理。

从理论上看，通与独这两者之间无疑存在着内在的张力。在一定意义上，可以说通是一般的、无限的、必然的、无时间性和空间性的；而与之相反，独则是个别的、有限的、偶然的、有时间性和有空间性的。对"道通为一"、"以道观之"的强调，在逻辑上所导向的是统一、一致：从其在本体论上强调存在之通，到认识论上要求视域之通，都展现了庄子对统一性、整体性的关注；而与之相对，"独"所体现的个体性原则基于分化的现实世界，其以"德"为个体存在的本体论根据，其对个体的存在及其价值的确认，突出特殊性、多样性，追求"独往独来"，等等，都是个体性原则的展开。在庄子思想中，二者的展开存在着内在的紧张：赋予世界之原初之在以理想的性质，在一定意义上使得呈现为多样形态的现实世界具有需要被超越的性质；通所内蕴的超越分化、超越界限在一定程度上遮掩了具体事物不同于他物的独特规定，对事物所具有的相对确定性亦有所忽视；道之通所含有的秩序之维，使得存在的多样性、差异性在某种程度上具有负面的意义，从而没有获得适当的定位；观念领域的齐是非旨在扬弃道术之裂，但将"分"与"乱"相联系，使得思想观念上多样形态的并存与交流难以获得合理的定位。事实上，在庄子思想中，确实蕴含着以通压倒独、使独消融于通之中的理论偏向，这在"不同同之之谓大"（《庄子·天地》）中体现出来。

二、通与独之间的沟通

在庄子哲学系统中，通与独之间既存在内在的张力，又蕴含着相互依存、沟通的维度。

正如前文所论及的，通与独之间的关系只存在于分化的现实世界，与之相应，通与独之间的沟通亦只存在于现实之在中。[1]从前文对通、独的含义分析中可以看出，通与独二者相互依存。首先，在现实之在中，存在之通表现为分而齐之之通。分意味着本然世界分化为纷杂、多样的存在形态，在此，"独"所体现的个体性原则展露无遗。但是，如果现实世界中只有代表特殊性、差异性、多样性之"独"，则世界便会呈现杂、乱的图景，最终使得外部世界的存在由于没有延续性而最终失去其现实性："道不欲杂。杂则多，多则扰，扰则尤，尤而不救。"（《庄子·人间世》）毋宁说，现实世界既在分化为万物、呈现为多样形态的意义上确认独，又以道为终极本原，具有统一性、有序性之通的维度。在一定意义上可以说，正是通的统一性、有序性使得个体之独得以存在，并使得个体能够延续而不至于中断。只有"在一切'差别'的根本上，必须有作为共同根源的'无差别'，有了这一共同的根源，'差别'才能产生"[2]。正如海德格尔所说，"此在之独在也是在世界中共在"，"独在是共在的一种残缺样式，独在的可能性恰是共在的证明"[3]。

其次，"德"所体现的个体的独特性、唯一性，使得每一个体都不

---

[1] 分化的现实之在是通与独之间沟通的本体论前提，因而，通与独之间的展开基于作为实然的现实世界。在此，需要指出的是，原初之在中的"通"具有隐而不显的性质，并且在其中无"独"存在，因而，就原初之在而言，是不存在通与独之间的。但以现实世界为出发点向前回溯，从原初之在到现实之在的演化过程中却包括着通与独之间的单向关系：相应于原初之在分化而为现实之在，浑而为一的原始之通演化为具有不同本质规定的"独"之个体，这既展示着通生独的过程，又表明原始之通蕴含着分化为"独"之个体的潜在性或可能性，就此而言，独就在通中。显然，在庄子看来，这一分化过程具有着已然性和不可逆性，与之相应，通与独在其中的展开只呈现出单向性，而非双向的互动。

[2] 弗朗索瓦·于连：《圣人无意：或哲学的他者》，闫素伟译，商务印书馆2004年版，第205页。

[3] 海德格尔：《存在与时间》，陈嘉映、王庆节合译，生活·读书·新知三联书店2006年版，第140页。

同于其他个体, 这在彰示独之维的同时, 亦含有通之维度, 并使分化的现实世界中的通得以可能: "亚里士多德说, 只有在现实中互相有所差别, 存在才会'存在'"[1], 现实之在之通才有可能性与必要性。因而, 每一个体均存在于关系之中, 一如马丁·布伯所说: "没有孑然独存的'我'"[2], "关系并非太虚幻境, 这是真实人生惟一的摇篮"[3], 同时, "世界中每一实在关系皆筑居于个别性, 此是它的欢乐, 因为互有区别的个别因此而获致相互理解"[4]。在庄子那里, 个体之间的关系显然不同于布伯的"我—它"、"我—你"关系, 而是具体地体现在物与物、物与我、人与我之间, 并在彼此的交互关系中呈现出通之特征。但就对个体之"独"的肯定及对个体之间能够沟通的确认上, 二者显然具有相通之处。对于庄子来说, 个体与个体之间的关系具体地展现在以下三个方面:

就物[5]而言, 从静态来看, 物与物之间的相互沟通体现在"立德明道"上; 从动态来看, 物与物之间的沟通更多地呈现在"以不同形相禅"之上, 由此, 物由其"独"而走向"通"。

就物我而言, 我作为行为主体, 既可以言称谓物, 使物进入物我关系之中, 在较低的层次上使物与我达到初步的沟通; 又可以"意"体悟物之为物的内在本质, 使得物与我之间达到实质层面的沟通。在人与物打交道时, "以德为本"的待物方式须贯穿始终, 并考察物之"变", 实现并持续地维护物我之间的交融。

就人我而言, 人我之间之共在作为本体论前提, 人我既能用语言表达各自意见, 达到语言层面的浅层次的交流; 又能通过意会、领悟的方式达到人我之间思想上的交流、心灵上的相契, 从而实现实质意

---

[1]　弗朗索瓦·于连:《圣人无意: 或哲学的他者》, 第169页。

[2]　马丁·布伯:《我与你》, 陈维纲译, 生活·读书·新知三联书店2002年版, 第2页。

[3]　同上书, 第7页。

[4]　同上书, 第87页。

[5]　这里的"物"取其广义的用法, 指向包括人在内的天地间的一切个体。

义上的彼此理解的人我之通。而这种个体之间的交往、理解、认同，能够消解其情感层面的孤独，实现内在精神世界的交融。

再者，精神之独所蕴含的"一"之维，即个体精神世界内在的统一性，亦蕴含着通：一方面，个体维护其精神世界统一的过程，则须保持自我之内在精神不随天地、万物、死生而变迁，与道偕行，任物自迁："死生亦大矣，而不得与之变，虽天地覆坠，亦将不与之遗，审乎无假，而不与物迁，命物之化，而守其宗也。"（《庄子·德充符》）外部世界一直处于变迁过程中，"物之生也，若骤若驰。无动而不变，无时而不移"（《庄子·秋水》）。但是，这种变迁虽至于天翻地覆、生命终结，个体的内在精神却不随外部世界的变化而变化，从而保持其恒一性，这种恒一既避免了个体在内在的本质规定上的失落，又守护了个体精神世界的统一。在此意义上，可以说，这是个体对纷杂多样的外部世界"以道观之"的体现。另一方面，对庄子来说，"一"是个体精神世界的理想之境："守其一，以处其和。"（《庄子·在宥》）个体保持、守护其精神世界的内在统一性，在某种程度上，可以看作达到了精神世界的理想形态。在一定意义上，可以说，庄子将"一"视为精神世界的理想形态，是以"道通为一"为其本体论的根据。如前文所论及的，"气"之"一"、"道"之"无所不在"赋予分化的现实世界以通的特征。现实之在内蕴的通使得个体精神世界之"一"得以可能。因而，个体精神世界的内在统一是其用"以道观之"这种观之方式对待外部世界，从而最终体悟到现实之在"道通为一"的有力说明。

上述几个方面展示了通与独之间的相互依存，并且能够在一定程度上实现沟通。但是，通与独之间沟通的真正实现、通与独的统一则是在庄子所谓的逍遥游中，这一内容已在前文"独的二重含义"中进行过论述，在此不再赘述。

以"道"为存在的终极本原，以"德"为具体之物的现实根据，庄子对"道"与"德"的双重肯定意味着对统一性与个体性的双重确认。这既与《老子》"尊道而贵德"（《老子·第五十一章》）的立场一脉相承，又展示着与柏拉图和亚里士多德不同的思维路向。在柏拉图看来，就存在来说，"世界以两种根本不同的方式分为两部分，理念的部分和我们用感官感知的事物的部分：理念、可感事物"[1]。只有前者即一般的理念才是真实的存在，具有真实性，而理念之间是相互联系的，呈现为一个层层上升的序列，其最高形态为至善，并作为一个统一体而存在，"所以我们无法获得对单一理念的真知。洞见理念就是洞见它们之间的联系，洞见理念的整体"，"这一不断超越的整体论或辩证法，被看作柏拉图哲学的核心"[2]。与之相对，可感事物作为感性对象，其呈现为个体，只是理念的影子或摹本，作为虚幻的存在，不具有实在性。显然，柏拉图的形而上学以共相为第一原理，展示了对整体、普遍的关注，但却未能给予个体以合理的定位。而在亚里士多德看来，"独立存在的是个别事物，或用亚里士多德主义的术语说是'实体'"，"实体具有属性，而属性作为实体的属性才存在；离开实体，属性无法独立存在"，因而，"只有实体是实际存在的，属性和种只是相对存在，相对于它们存在于实体（个别事物）中或与实体相关而言。……这样，亚里士多德把理念拉回到个别事物的层次上：属性和种存在着，但只存在于个别事物中"[3]。换言之，在亚里士多德那里，实体本身有第一实体与第二实体之分，前者主要指个体（个别事物），它是最真实的存在，并构成了其他一切事物的基础；而后者则包括类或种，它显然依存于第一实体而存在。在此，可以清楚地看到，与柏拉图将存在的统一性、整体性置于至上的地位不同，亚里士多德似乎更多地突出了存在的个体性这一面。相形之下，庄子对"通"与"独"的双重肯定，对二者能够在一定程度上实现沟通的确认，无疑展示着不同的理论旨趣。

---

[1]　G. 希尔贝克、N. 伊耶：《西方哲学史：从古希腊到二十世纪》，童世骏等译，上海译文出版社 2004 年版，第 54 页。
[2]　同上书，第 56 页。
[3]　同上书，第 78—79 页。

综上所述，通与独作为庄子哲学中具有重要意义的观念，贯穿并体现于庄子思想系统的所有领域，二者分别以"道"与"德"为形上根据，并展开于本然之在与分化的现实之在中。从整个哲学系统来看，通与独之间作为其理论主题之一，是庄子的哲学理论得以展开的一条主线。庄子哲学以通为基础，又承认独的存在。如果孤立地分析庄子的通和独，那就无法看到庄子哲学中通与独之间的联系，但若把庄子哲学当作一个完整的思想体系，看到庄子所谓通与独之间的内在联系，那就应该且必须认识到，庄子对通的追求与对独的认可都有重要意义。在其思想的展开过程中，庄子以特有的方式既肯定了通又肯定了独，并试图在"逍遥游"之中使二者统一起来。但是，基于历史发展进程的限制，庄子不可能正确解决通与独的关系问题，可他在理论上提出了如何使个体立于独而追求通的问题，并肯定了个体在立于独的前提下实现对通的追求的可能性。

就通与独之间来说，在庄子思想中，通与独确乎具有不同的含义，并分别代表着对统一性的追求与对个体性的承诺。在这一意义上，通与独之间既是对二者所具有的不同性的承认，对二者矛盾、差异的认识，又是对二者之间对立的一种指明。但是，通与独之间的相互依存、相互沟通则表明二者所存在的诸种差异是在相互关系中的差异。相应于此，从庄子的整个思想系统来看，就通与独之间的展开基于分化的现实世界而言，通与独不可能是两个相互隔离、各自封闭的概念，因而，不可能把对独的理解当作对通的摆脱或者把对通的理解当作对独的取消。因为，如果没有通作为本体论根据，那么个体之独不仅没有相互之间进行影响、沟通的可能，而且独之个体则由于不具有延续性而最终失去其现实性，从而使得独消失。相反，如果没有独，那么分化的现实世界以及"以道观之"之视域之通便不能存在，如同世界之原初存在之浑沌未分。"以道观之"无疑是以具有多样化、特殊性的独之个体的存在为其前提、预设的。毋宁说，通与独之间既是不同的，又是相互关联的。但是，二者之间的关系并不是通过如下方式来进行

的：即或设法使通与独相重合，或取消独使其完全融于通。因为二者
各自有其自身的理论内涵，并非能够完全同一。确切地说，对通的把
握，首先意味着对独的把握（因为对任何一个与自身不同的另一个个
体的把握都需要把自身置于一个更广阔的视域中去，而这个更广阔的
视域无疑奠基于个体对自身的把握），而且意味着超越独（对独之超越
以对独之存在的承认为前提），向一个更高的普遍性回溯。如前所述，
现实世界中存在之通内含独之维，视域之通以独为前提式的预设，在
这一意义上，可以说"独就在通中"；而视域之通以超越分化、界限为
目标，独亦以通作为其本原与指向[1]，在这一意义上，可以说"通就在
独中"。虽然在庄子思想中，在一定程度上存在企图使独消融于通之
中的理论偏向，但是，综观其整个思想系统，通与独之间虽存在着一
定的张力，但更多地呈现出相容性与统一性，二者既并存又共同起作
用，使庄子思想既表现出对统一性的强调，又展示了对个体性的关注。
通与独之间的以上沟通、统一，最终又奠基于通之上：如前所述，无论
是在本原的方面，抑或在理想的规定上，通都被视为更为重要的方面，
就此而言，通与独之间，显然通占支配地位。[2]换言之，通与独之间
的相关与互动，在总体上本于通。

---

[1]　在这一意义上，可以说独所揭示的区分其实质的目标就是不区分即通，正如约尔
　　克所说："区分因而同时也就是不区分。"（倪梁康：《现象学及其效应——胡塞尔
　　与当代德国哲学》，第258页）
[2]　就此而言，徐复观先生所认为的《庄子》一书中，最重视'独'的观念"，在确认
　　庄子思想中"独"之重要性的同时，亦有其片面性。原因在于，如果对"独"的观
　　念作更深入的考察，对庄子思想作系统的研究，则不难发现，事实并非像表面呈
　　现的那么简单。不论是就"独"之产生的前提而论，还是就"独"所导向的理想形
　　态上，无疑都指向了通。

第二章　通

如前所述，在庄子思想中，通既表现为存在之通，又展示为视域之通，二者分别从本体论、认识论维度展示庄子之通。相应于以上的分疏，在庄子那里，"道通为一"与"以道观之"既相分又相通。

第一节　道通为一

就存在的图景而言，世界之原初形态与现实形态展示着存在之通的两重内涵，而存在的秩序之维则从有序性、条理性彰示出存在之通。

一、世界之在

在庄子那里，世界之在有着两重内涵，其一为本然世界，其二为现实世界。由现实世界出发，向前追溯，直至世界的原初存在形态："有始也者，有未始有始也者，有未始有夫未始有始也者。有有也者，有无也者，有未始有无也者，有未始有夫未始有无也者。俄而有无矣，而未知有无之果孰有孰无也。"(《庄子·齐物论》)"始"即开始，是宇宙在时间上的开端。由"始"这一开端向前追溯，达到的是未曾开始的开始，再向前追溯，则至于未曾开始那未曾开始的开始，即达到了"天地之始以前之再前"[1]。换言之，现实之在龟缩于时空网络之中，

---

　[1]　陈鼓应：《庄子今注今译》(上)，中华书局 1983 年版，第 72 页。

由现实世界之时间上的开端向前追溯，最终达到的则是存在之无始或无开端，而这种无始其"本体论意义是没有时间上的先后，它意味着存在的终极形态或本然形态无时间上的先后之'分'"[1]，也就是说，存在的这种无始扬弃了时间上的先后特征，从而在实质上亦消解了时间之维。同样，现实世界纷杂、多样的现象呈现出"有"、"无"的分别，由之出发，向前追溯，达到的是"有"、"无"都不存在的形态，再向前追溯，最终所达到的是超越"有"、"无"之分的"无"。现实世界之"有"、"无"是具体的形态之存在或消失，因而，其具有空间上的特征；与之相对，原始意义上的"无"扬弃了具体对象的"有"、"无"之分，从而在实质上消解了空间性。在现实世界中，时间维度上的先后之分、空间维度上的具体对象的有无，都是分、别的体现；与之相对，向前追溯所达到的世界的原初之在则超越于时空网络之外，它超越分、别，消解时间、空间，呈现的是世界的本原或初始的形态。唯其无分、别，所以世界的原初之在作为本然的存在表现为玄同的世界。

就此而言，庄子对"有"、"无"观念的理解显然来自《老子》。《老子》指出："天下万物生于有，有生于无"(《老子·第四十章》)，在此，"有"作为天下万物之源，呈现出获得了某种具体规定的存在形态，而"天下万物生于有"强调的是已经有所"得"的具体之物——"有"是万物发生与形成的现实出发点。但是，世界的本原并不是"有"，而表现为"无"，所谓"有生于无"强调的就是"无"相对于"有"的本原性，"无"在《老子》那里意味着无具体规定的未分化的形态。从终极的意义来看，未分化、无具体规定的"无"构成了获得具体规定的"有"的存在根据。而《老子》所谓"无，名天地之始；有，名万物之母"(《老子·第一章》)，亦展示了"有""无"之间的如上关系：天地之始的特征是无天地之分、无万物之别，而以"无""名天地之始"则既强调了"无"所蕴含的超时间性，又展示出"无"的未分化性。与之相对，天

下万物则由获得具体规定的一个一个的对象组成，以"有""名万物之母"既显示了"有"包含着具体的规定，又说明其作为具体之物化生的现实根据。可以看出，庄子之"无"超越了具体世界的"有"、"无"之分，其未分化性显然是对《老子》关于"有"、"无"思想的继承。

同样，在《庄子·天地》中，对世界的原初之在也作出了类似的规定："泰初有无无，有无名，一之所起，有一而未形，物得以生谓之德。"（《庄子·天地》）如上所述，在庄子那里，现实世界中的"无"，通常与"有"相对而言，具体事物之"有"意味着其存在于空间之中，而具体事物之"无"则意味着其在空间中消失或不存在。与之相对，"有无无"所肯定的"无"，则既在消极的意义上超越具体的"有""无"之分，又在积极的意义上使具体的"有""无"融而为一，使之具有普遍的涵盖性。与"有无无"相应，世界之在呈现的是其"一而未形"的原初形态，即浑而未分的本然形态。而"有无名"则与《老子》"无，名天地之始"（《老子·第一章》）相一致，展示"无"所体现的世界之在本然形态的浑然一体。

庄子的以上分析立足于分化的现实世界，通过逻辑的推论，从现实世界直至浑而无分的原初之在。原初之在之原初性，说明其已然的性质，而对庄子而言，现实世界之既成性、现实性，赋予其实然的特征，构成庄子不能不面对、不能不生活于其间的存在形态。

当原初之在分化而为具体的世界时，多样的形态便得以展现："万物殊理"、"四时殊气……五官殊职"（《庄子·则阳》）等等。"万物"确认了物的多样性，"殊理"则彰显了物之为自身的特殊性；"四时"之"殊气"、"五官"之"殊职"则从自然到社会均确认了多样性、差异性。但是，多样的形态背后，实质上仍然以"通"为其内在特征，这首先表现在庄子对"气"的理解上。"气"在庄子那里，对应的是分化的现实世界，并只存在于现实世界之中："杂乎芒芴之间，变而有气，气变而有形，形变而有生"（《庄子·至乐》），"杂乎芒芴之间"与"有未始有夫未始有无也者"、"泰初"一样，是对世界原初形态浑然一体的表述。

"变而有气"表明"气"产生于这种原初之在。就形而上的层面来看，"气"具有质料的性质，从而赋予"气"以"有"的特征，即获得了某种具体的规定。在有"气"的基础上，由气作为质料，物之"形"才得以产生，由此衍生出天下万物。因而，就"气"之产生意味着"有"之产生而言，"气"展示了其与原初之在的疏离，并确证其与分化的世界之在的关联。尽管"气"是"有"的一种形态，但"气"与万物之"有"却不相同，作为万物形成的基础与质料，"气"具有"一"之特征："故万物一也。是其所美者为神奇，其所恶者为臭腐，臭腐复化为神奇，神奇复化为臭腐。故曰：通天下一气耳。"(《庄子·知北游》)天下万物，不管是"神奇"所表征的具有正面意义的事物，还是"臭腐"所指涉的具有负面价值的事物，均由"气"构成。而"通天下一气"则既确认了"气"在质料的层面构成万物，又确认了"气"之"一"，就此而言，可以说万物"一"："夫天下也者，万物之所一也。"(《庄子·田子方》)与此相关，"气"之"一"既蕴含着自身之通，又赋予万物以通的特征：一方面使得万物在质料的层面通；另一方面，又使得具体世界中不同的存在形态之间在彼此能够相互转换的意义上通（"臭腐复化为神奇，神奇复化为臭腐"）。相对于世界的原初形态，分化的现实世界最先具有的"有"即是"气"，并进一步展现为具有多样存在形态的万物，但"气"之"一"、"通"使得多样的事物在呈现各自独特性的同时，彼此之间又并非隔绝和分离，而呈现出通之维。对于庄子中的"气"，刘笑敢曾说："庄子认为气是充满于天地之间的，天地万物都是一气"，"气是物质世界的最初状态……气是万物存在变化的基础，是构成物质世界的基本元素"，"但是气远不如道重要"，"庄子还没有把气当作最根本的存在……庄子自身的逻辑应该是气由道生，道为气本"[1]。同时，他分析了庄子在其哲学体系中引入"气"这一概念的原因："首先，在无为无形的道产生具体有形的万物的过程中，需要有一个过渡状态。

---

[1] 刘笑敢:《庄子哲学及其演变》，中国人民大学出版社 2010 年版，第 136 页。

其次，庄子是强调齐万物而为一的，在物质世界之内需要一个体现万物共同基础的东西。最后，庄子是强调事物的相互转化的，需要一个能够贯穿于一切运动变化过程之中的概念。适合这些需要的概念必须是可以有形也可以无形、可以运动也可以凝聚、可以上达于道也可以下通于物的，这样的概念只有气。"[1]

其次，庄子对道的规定亦展示了现实世界之通。事实上，对庄子而言，道构成了世界之在的根据，并内在于不同的存在形态之中。就世界的原初之在而言，如前文所述，其超越了时间上的先后、本体论上的有无，表现为浑而未分的原始统一，这种存在形态可以看作是"道未始有封"（《庄子·齐物论》）的呈现。"封"即界限，"未始有封"表明道没有分际、没有界限，以统一性为自身的内在品格。对此，刘笑敢曾指出："'道未始有封'即说明道是外无界限、内无差别的，因而道是绝对的同一。'道无封'的特性是庄子预设的齐万物而为一的客观依据。他把自己虚构的无差别性赋予世界的本根，又反过来以本根的无差别性作为自己所追求的认识和修养的最高目标。"[2]"未始有封"之道作为世界原初存在的形上根据，在此，道之通主要呈现的是其未分化性、无界限性、统一性。

就分化的现实世界而言，道则"无所不在"："行于万物者，道也。"（《庄子·天地》）"夫道，于大不终，于小不遗，故万物备。广广乎其无不容也，渊渊乎其不可测也。"（《庄子·天道》）万物之形态各异、大小不同，但道普遍地存在于一切物之中。庄子与东郭子关于道之在的对话清晰地展示出这一点，"东郭子问于庄子曰：'所谓道，恶乎在？'庄子曰：'无所不在。'东郭子曰：'期而后可。'庄子曰：'在蝼蚁。'曰：'何其下邪？'曰：'在稊稗。'曰：'何其愈下邪？'曰：'在瓦甓。'曰：'何其愈甚邪？'曰：'在屎溺。'东郭子不应。"（《庄子·知北游》）不管是蝼蚁、稊稗、瓦甓这些价值形态较低之物，还是屎溺般具

---

[1] 刘笑敢：《庄子哲学及其演变》，第137页。

[2] 同上书，第113页。

有负面意义的事物，道都内在于其中，"无所不在"体现的就是道的这种普遍性。而在"万物殊理，道不私"（《庄子·则阳》）中，"殊理"是使物在本质上成为其自身的形式规定，从而将物与他物区分开来，"万物殊理"表明不同之物具有不同的规定，而与之相对，道之"不私"意味着道超越具体事物之异而具有普遍性。与"不私"相应，在"道者为之公"（《庄子·则阳》）的表述中，"公"所蕴含的普遍性亦突出了道之普遍性。因而，作为存在原理的道，在分化的现实之在中，其通主要呈现的是普遍性：这意味着它既不减损任何物，又不离弃任何物，它将天下万物纳入自身之内，不是任万物外在于它而存在，而是让它自身呈现于万物之中。

　　但是，道对于万物之"无所不在"并不意味着道之分化，道之普遍性背后隐藏的是其统一性：分化的世界中，道仍以统一性为自身的内在品格，但道却呈现于一切对象之中，使得每一物均有自身的存在根据与本原。需要指出的是，道本身不是部分，而是生成且统一一切部分之整体，并展现在每一部分之中。对于道在万物之中的呈现，庄子提出了"德"[1]："通于天地者，德也。"（《庄子·天地》）在本体论上，"德"是道在具体事物之中的体现，是事物之为自身的内在的本质规定。"德"之"通于天地"，意味着天地间万物各有自身之"德"，就此而言，万物无疑具有相通的一面。这亦突出了作为"德"之根据的道所具有的普遍性。于连曾指出："世界的多样性，从小草到大檩，从丑女到西施，以及一切稀奇古怪的事情，'有自也而然'，'有自也而可'，但是，'理虽万殊而性同得'，所以'道通为一也'。因此，'道通为一'远没有导致万物的趋同和贫乏……这种统一……是贯穿性的统一（穿透两边），同时也是过程性的统一（从一边过渡到另一边，从而使过程继续下去）。"[2]因而，从形而上的层面来说，作为存在本原、根据的道既

---

[1] 庄子关于道与德的论述显然与《老子》一脉相承。

[2] 弗朗索瓦·于连：《圣人无意：或哲学的他者》，闫素伟译，商务印书馆 2004 年版，第 156 页。

具有无限唯一性，又具有无限包容性；既超越于万物之外，又内在于万物之中；既在原初之在中，又在现实之在中，它同时跨越世界之在的这两种图景而伫立于其间：道以其统一性、普遍性赋予世界原初之在与分化的现实世界以通的特征，又成为两种世界之在的形态具有连续性的形上依据。

就世界之在而言，在世界的原初存在形态即本然世界中，其浑而未分的性质使得通显然是其题中应有之义，而作为形上原理的道之未分化及统一性则是这种存在形态之通而为一的根据；而分化的现实世界，既在质料的层面以"气"作为万物通的根据，又在存在根据的层面以"道"之普遍性赋予存在以通的特征。[1]同时，以道为终极本原，世界的原初之在与分化的现实之在作为世界的两种存在形态具有着连续性，在某种程度上，这种连续性亦可看作是通的体现。

二、人之在

世界的原初之在分化为具体的世界，万物得以产生，而在这一分化的过程中，作为万物之一的人亦获得了其存在性："人之生，气之聚也，聚则为生，散则为死，若死生为徒，吾又何患？故万物一也。"（《庄子·知北游》）就"气"作为万物形成的质料而言，人作为万物中之一物，无疑以"气"为构成人自身的基础，庄子用"气"之聚、散去解释人之生、死，即突出了这一点。同时，"德"作为道在具体事物之中的体现，亦呈现于人当中，并表现为人之为自身而异于他物、他人的本质规定："物得以生谓之德"（《庄子·天地》）之"物"即包含人在其中。就此而言，人与天地间之万物通而为一："天下莫大于秋豪之

---

[1] 就分化的现实世界所具有的"通"的特征来看，刘笑敢所认为的"在庄子哲学中存在着两个对立的世界，一个是现实世界，一个是精神世界"，而"现实世界是气的世界，万物不过一气，气不断聚散游移，物则不断起始生灭，所以现实世界是纷乱的、运动的、相对的"（刘笑敢：《庄子哲学及其演变》，第195页）。这一看法虽然有见于现实世界在表面上所呈现出的多样性、变动性，但却忽视了具体世界本质上所蕴含的通（包括秩序）之维。

末，而太山为小，莫寿于殇子，而彭祖为夭。天地与我并生，而万物与我为一。"(《庄子·齐物论》)在此，"天""地"作为世界的具体的呈现形态，是原初之在分化后的产物，而"我"作为类之人，其产生一如"天""地"之生成，是世界原初之在之分化，由"气"所构成。对应于世界之在之分化过程，可以说，"天地"与我"并生"，而推广开去，亦可说，具体世界中的一切存在形态均与我并生。然而，与我并生之万物的呈现形态各异、大小有别，如秋毫通常意义上意味着"小"、泰山则代表着"大"；人之生命亦长短有别，殇子之短命而"夭"、彭祖之长"寿"。但是，对庄子来说，大小、寿夭等具体世界中普遍存在的区分、差异，并不构成包括人在内的万物之间的绝对界限，在天下万物都"一"于气、内含"道"的意义上，可以说，万物通而为一，进而言之，人亦与万物"为一"。

人与万物为一，同时内蕴着人与人通而为一的维度：首先，就作为类的人来说，从人之获得生命为气之聚、生命结束为气之散来看，人之生死呈现为气的聚散。唯其统一于气，因而人之生、人之死这两种不同形态之间具有了能够相互转化的根据，从而表现出生死相通。

其次，就个体来说，不论是如殇子般短命，还是如彭祖般长寿，不同之人均需经历从生命开始至生命结束的整个历程，不管该历程是长是短，从过程及最终的指向来看，人与人之间在由生走向死这一点上是相通的。这在《庄子·至乐》"庄子妻死"的寓言中得到了体现："察其始而本无生，非徒无生也，而本无形，非徒无形也，而本无气。杂乎芒芴之间，变而有气，气变而有形，形变而有生，今又变而之死，是相与为春秋冬夏四时行也。人且偃然寝于巨室，而我嗷嗷然随而哭之，自以为不通乎命，故止也。"(《庄子·至乐》)庄子在其妻死后，对人之生命存在向前追溯，直至无形、无气、浑而未分的世界原初存在形态，展示人作为万物之一，其生与万物一样，产生于原初之在的分化："杂乎芒芴之间"即是对世界原初之在浑然一体的表述，亦即"无气"的原始之通，而由无气至有气，原初之在分化而为具体世界，再至"有

43

形"，"形"在此指人之形所表征的人之生命存在的获得，接下来，由生至死，即人之生命的终结，人之生伴随着世界之在的分化，并如同春秋冬夏四季的交替（"相与为春秋冬夏四时行也"），这使得人之生、死成为世界之在演化过程中相继的两个环节。因而，对于作为个体的人来说，其生、死相通。由此，人之由生到死既表现出其自然性，又具有必然性：人之死意味着人之生命存在的终结，而由生至死的过程是不可逆的。

就人与万物的关系来说，人之死虽意味着个人生命的不复存在，但他又是万物中之他物形成自身的质料，"子来有病，喘喘然将死……子犁往问之，曰：'叱！避！无怛化！'倚其户与之语曰：'伟哉造化！又将奚以汝为，将奚以汝适？以汝为鼠肝乎？以汝为虫臂乎？'"（《庄子·大宗师》）"以汝为鼠肝"、"以汝为虫臂"十分形象地表明子来死后，可以作为"鼠"、"虫"等自然之物的构成。在这里，庄子将人的生命置于世界之在的链条之中，使得"生""死"同时融入于万物之中："夫天下也者，万物之所一也。得其所一而同焉，则四支百体将为尘垢，而死生终始将为昼夜。"（《庄子·田子方》）就天下万物来说，作为"气"的不同形态，生、死如同昼夜的更替，表现为一个循环的过程。毋宁说，作为个体的人之由生走向死的背景、前提是天下万物之生、死的相继、循环。

再者，就个体来说，存在形态不同、精神境界不同的人，均由气构成，从质料的层面来看，人与人通；从人人体现道、人人具有"德"的角度来看，人与人之间亦通。

事实上，人与万物的合一，在本体论上体现着世界之在的普遍相关：不管是人与万物通而为一，还是人与人之间相通，都肯定并确证着这一点。对此，陈鼓应曾作了如下论述："从哲学观点来看，庄子是从同质的概念去看待人与外物的关系的。《大宗师》上说'游乎天地之一气'，《知北游》上说'通天下一气耳'，而人的生死，也是气的聚散（"人之生，气之聚也；聚则为生，散则为死"）。这就是说，人与天地万物的原质是相同的。因而从同质的概念出发,庄子认为人与外物、主体和客体的关系不是对立的、隔离的,而是一体的、合一的。庄子以艺术的心态,把人的主观情意投射到外物中去,使人和外物交感融合;以美学的感受,把主体的美感经验投射入外物中,将外在的物象主体化,从而使对立的主体和客体关系变成和谐的、交融的关系,从而也开阔了人的精神自由活动的领域。"[1]

同时,人与万物之通还体现在价值论的层面。价值,是相对于人而言的,如果没有人之在,价值之维亦不会存在。就价值论来看,人与万物之间的关系突出地体现在社会领域。如前所述,在形而上的层面,庄子把世界之在划分为未始有物或未始有封的本然世界与分化的现实世界,并以浑而未分的本然世界为理想的形态。与之相对应,庄子区分了社会领域的不同存在形态:至德之世、动乱之世。就至德之世来说,其特点是人与万物合而未分,因而,庄子把它作为理想的存在形态,以"至德之世"来表述即是对其理想性的肯定:"故至德之世,其行填填,其视颠颠。当是时也,山无蹊隧,泽无舟梁,万物群生,连属其乡。禽兽成群,草木遂长。"(《庄子·马蹄》)"填填"、"颠颠"形容人的淳朴自然,林希逸说:"颠颠,直视之貌。形容其人朴拙无心之意。"李勉说:"'填填'、'颠颠'押韵,同一意义,当时口头语也,自在而得意之词。言民之真性。"[2]在此,用"填填"、"颠颠"形容人之"行"、"视",表明人的存在方式同于自然。而"蹊隧""舟梁"作为人化之物,"山无蹊隧,泽无舟梁"则表现了外部世界完全停留在本然之在的状态。在这一本然之在中,人、禽兽、草木等万物都呈现出自在的形态。因而,在这种存在形态中,万物虽然已分化而出,作为类的人虽然亦生活于其间,但人与禽兽、草木等其他的物之间、人与外部世界之间,都没有作用与被作用的关系,从而各自呈现出其自在的存在形态。从整体来看,整个外部世界表现出的是未经人的任

[1] 胡道静主编:《十家论庄》,上海人民出版社2008年版,第342页。
[2] 陈鼓应:《庄子今注今译》(中),中华书局1983年版,第247页。

何变革的原初状态。显然，在这一原初状态中，人与万物虽然形式上表现为分化的存在，但在实质上，人与万物却以合而为一为其特征，这显然是"未始有封"的世界原初存在形态在社会领域中的显现。同时，在至德之世中，不仅人与自然之物合而未分，人与人之间也以无分为特征："至德之世，同与禽兽居，族与万物并。恶乎知君子小人哉?"（《庄子·马蹄》）无君子、小人之分即显示了人与人之间通而为一。以人与万物的合一为特征的至德之世，作为理想之世，其内含着应然的规定：即应当达到的理想形态。同时，它又是前概念的存在形态："子独不知至德之世乎? 昔者容成氏、大庭氏、伯皇氏、中央氏、栗陆氏、骊畜氏、轩辕氏、赫胥氏、尊卢氏、祝融氏、伏牺（羲）氏、神农氏，当是时也，民结绳而用之，甘其食，美其服，乐其俗，安其居。邻国相望，鸡狗之音相闻，民至老死而不相往来。若此之时，则至治已。"（《庄子·胠箧》）"民结绳而用之"即是前概念形态的表征，"昔者"展示出以人的视角对历史的回溯，"至治"表明庄子对这种前概念形态的态度及评价。在此，对历史的回溯和评价赋予至德之世以理想性，又使得其与前概念形态合而为一，二者无疑都以未分化为特征。

然而，由人与万物合而未分的淳朴之世，走向"世与道交相丧"（《庄子·缮性》）的动乱之世，社会由"至治"而趋于"乱"，庄子对这一过程作了考察："古之人在混芒之中，与一世而得澹漠焉。当是时也，阴阳和静，鬼神不扰，四时得节，万物不伤，群生不夭，人虽有知，无所用之，此之谓至一。当是时也，莫之为而常自然。逮德下衰，及燧人伏羲，始为天下，是故顺而不一。德又下衰，及神农黄帝，始为天下，是故安而不顺。德又下衰，及唐虞，始为天下，兴治化之流，浇淳散朴，离道以善，险德以行，然后去性而从于心。心与心识，知而不足以定天下，然后附之以文，益之以博，文灭质，博溺心，然后民始惑乱，无以反其性情而复其初。由是观之，世丧道矣，道丧世矣，世与道交相丧也。"（《庄子·缮性》）显然，这一历史演进过程的根源在

于分、别,"礼乐遍行,则天下乱矣"(《庄子·缮性》)。礼即以分、别
为特征。[1]"三皇五帝之治天下,名曰治之,而乱莫甚焉"(《庄子·天
运》)。"治天下"亦以人与天下万物之分为前提,表现为人对天下万物
的作用过程。因而,以分为前提的"治天下",只能是以"治"为名,而
实质上却是"乱莫甚焉"。同时,在此基础上所产生的社会制度、道德
规范亦具有负面的意义和否定的价值:其既以分为前提和内涵,又具
有外在于人的特征。与庄子一致,马丁·布伯亦看到了这一点:"社
会制度乃是'外在的',人于其间追逐种种目标,他们奔波操劳,协商
谈判,施加影响,较量竞争,组织管理,经营实业,出仕从政,传教布
道。……社会制度……是无灵魂的泥偶……不知人为何物……不能接
近真实人生。"[2]

可以看到,由至德之世的人与万物合而未分,走向动乱之世的分
而别之,庄子立足于动乱之世[3]而对上古以来历史演进过程的回顾,
既是对动乱之世的现实性的表明,又把着重点落在对人与万物合而未
分的理想存在形态上。就此而言,庄子在社会领域区分至德之世、动
乱之世,其旨在突出人之在应与万物通而为一,这既在价值观上体现
了人之在应当以通为其品格,又以形而上领域未始有封的本然之在为
其根据。

---

[1] 礼之分、别的特征在如下表述中可以窥见一二:"君臣、上下、父子、兄弟,非礼
不定"(《礼记·曲礼》);"非礼无以辨君臣、上下、长幼之位也"(《礼记·哀公
问》);"辨莫大于分,分莫大于礼"(《荀子·非相》)。
[2] 马丁·布伯:《我与你》,第37—38页。
[3] 庄子曾不止一次地描述了其所处的社会充满冲突、争战,动荡不安,是非颠倒,
如"黄帝不能致德,与蚩尤战于涿鹿之野,流血百里。尧舜作,立群臣,汤放其
主,武王杀纣,自是之后,以强凌弱,以众暴寡,汤武以来,皆乱人之徒也"(《庄
子·盗跖》)。"天下有道,圣人成焉;天下无道,圣人生焉。方今之时,仅免刑
焉。"(《庄子·人间世》)"今处昏上乱相之间,而欲无惫,奚可得邪?"(《庄子·山
木》)"天下大乱,贤圣不明,道德不一,天下多得一察焉以自好"(《庄子·天
下》),在庄子看来,社会的动乱、无序既对人的生命存在构成威胁,又会影响人
的精神世界,从而造成"其寐也魂交,其觉也形开,与接为构,日以心斗"(《庄
子·齐物论》)的状态。有鉴于动乱之世对人之在的否定意义,庄子强烈地表达
了他的不满。

三、存在之序

庄子以道为世界之在的本原、根据，既展示了存在之通，又内蕴着存在之序。"语道而非其序者，非其道也"（《庄子·天道》），即确认了道所蕴含的秩序之维。存在之通展示的是对统一性的关注，而存在之序则隐含着对条理性、有序性的要求。因而，庄子之道既展开为统一性原理，又表现为秩序原理。与存在之通一致，存在之序亦呈现于世界之在的两重形态当中。

就世界的原初存在而言，时间上的先后之分、存在形态上的有无之别在其间均不存在，整个世界呈现为无时间、空间之维的"未始有物"（《庄子·齐物论》）的浑然一体的图景；而在"有物"之后，世界呈现的亦是"未始有封"（《庄子·齐物论》）的浑而未分的形态。就世界"有物"但"未始有封"而言，其物物之间浑而未分的特征使得其在实质上与"未始有物"一致，均表示存在尚未分化。而世界原初之在由于未分化所展示出的原始的统一，则同时呈现出其秩序性：不论是与"未始有物"相联系的浑然一体，还是与"未始有封"相关的浑然无分，作为原始的混沌，其中所蕴含的统一性都使得它们与纷杂、无序无关，而内含着自身之序。但是，原初之在本身的秩序只呈现为有序，并具有隐含的性质，从而区别于分化的现实之在的秩序性。在具体世界中，其秩序性既呈现为有序性，又表现为条理性，并展开于自然领域与社会领域。

就自然的层面而言，庄子以分化的现实世界为基础，对"道"所蕴含的秩序之维进行了分析。"道不欲杂。杂则多，多则扰，扰则忧，忧而不救。"（《庄子·人间世》）如上所述，原初之在分化而为具体世界，便呈现为具有区分、差异的多样形态。这种多样的形态虽不合乎庄子所谓的理想存在，但它作为实然，又在"一"于气、内含"道"的意义上通而为一。然而，当物与物之间的分际被过度强化时，世界之在便呈现为"杂"的形态，而"杂则多"，这一意义上的"多"所体现的不是多样性，而是与纷杂、杂乱相联系的无序。就分化的现实世界来看，道作为存在的根据，其统一性、普遍性蕴含着统摄具有区分、差异的多样存在形态，赋予多样化的万物以内在的秩序。因而，"道不欲杂"既是"道"以其统一性对"杂"所体现的杂乱的否定，从而表现为对无序性的扬弃，又彰显出"道"所肯定的条理性、有序性。后者首先体现在天地万物的生成变化中："至阴肃肃，至阳赫赫，肃肃出乎天，赫赫发乎地，两者交通成和而物生焉。或为之纪而莫见其形，消息满虚，一晦一明，日改月化，日有所为，而莫见其功。"（《庄子·田子方》）"肃肃"即寒冷，"赫赫"即炎热，"至阴肃肃"、"至阳赫赫"，且二者分别"出乎天"、"发乎地"，表明阴、阳是两种彼此不同且彼此对立的力量。从万物的生成、演化来看，"两者交通成和而物生焉"即阴阳二者交互作用所体现出来的"和"，虽"莫见其形"、"莫见其功"，但却真实存在并使天地万物得以"生"。同时，这种"和"内在地蕴含着秩序之维，正是这种内在的秩序，使得万物之死生盛衰呈现出自身的法则，从而有规律可依、有理可循。因而，天地万物之生、之化，都非杂乱而无序，而是内含着秩序性。

在万物既生之后，天下万物与道的关系使得存在之序与存在本原的关系得以揭示："天下莫不沉浮，终身不故，阴阳四时运行各得其序，惛然若亡而存，油然不形而神，万物畜而不知，此之谓本根，可以观于矣。"（《庄子·知北游》）作为"本根"的道，普遍地内在于万物之中，"万物畜而不知"即表明了这一点。"惛然"即暗昧不显，林希逸说："惛然，不可见也。"[1]与"油然不形而神"一句一起表明道对万物的作用并不是以显性的方式而是以隐性的、不可见的方式。在此，道之内在性得以突出：作为"本根"之道，不仅是万物存在的本原、根据，而且内在地规定着天下万物运行的方式。天下万物"莫不沉浮"，"终身不故"，在万物变化、运行过程中，正是内在之道，使得"阴阳四

---

[1]　陈鼓应:《庄子今注今译》(中)，第565页。

时运行各得其序"。换言之,作为内在本根,道使阴阳四时的运行呈现出有序性,使万物的变化呈现出条理性:"天地有大美而不言,四时有明法而不议,万物有成理而不说"(《庄子·知北游》),在此,四时之"明法"、万物之"成理"都体现了存在的秩序性,而天地之"大美"在"美"的背后隐含着的是天地之间的有序,因为纷杂形态的天地万物呈现的是"乱",而非"美"。

但是,分化的世界所具有的存在之序完全是自然而然的,从而不同于目的性的安排。每一物均具有自身特定的时空位置、因果网络,并"各居其位,各循其途,各具其可测度性及特定本性"[1]。在《庄子·齐物论》中,庄子对"天籁"的描述即强调了这一点:"子綦曰:'夫大块噫气,其名为风。是唯无作,作则万窍怒呺。而独不闻之翏翏乎?山林之畏佳,大木百围之窍穴,似鼻,似口,似耳,似枅,似圈,似臼,似洼者,似污者。激者,謞者,叱者,吸者,叫者,譹者,宎者,咬者。前者唱于而随者唱喁,泠风则小和,飘风则大和,厉风济则众窍为虚。而独不见之调调之刁刁乎?'子游曰:'地籁则众窍是已,人籁则比竹是已,敢问天籁。'子綦曰:'夫吹万不同,而使其自己也。咸其自取,怒者其谁邪?'"(《庄子·齐物论》)在此,庄子以大风吹过所发出的各种不同的声响,来比喻分化的现实世界之多样的存在形态,风声之千差万别,隐喻万物存在的差异,但风吹所形成的各种声音,作为"天籁",有着自然之乐的美感,从而区别于杂乱的噪音。而这种自然之乐的美感主要来源于其秩序性。对庄子而言,"天籁"内含的秩序并非取决于如"怒者"般的外在推动者,而是自身具有的、自然而然的。对此,马其昶说:"万窍怒号,非有怒之者,任其自然,即天籁也。"冯芝生说:《齐物论》对于大风不同的声音,作了很生动的描写。它是用一种形象化的方式,说明自然界中有各种不同的现象。归结它说:'夫吹万不同,而使其自己也,咸其自取,怒者其谁耶?'在这

---

　　[1]　马丁·布伯:《我与你》,第26页。

里并不是提出这个问题寻求回答, 而是要取消这个问题, 认为无需回答。……'自己'和'自取'都表示不需要另外一个发动者。"[1]也就是说, 在庄子那里, 现实之在中的一切声音都是由其自身的活力生发出来的, 虽然声响千差万别, 各具个性而互不相同, 但所有的声音并不是互相排斥的, 而是谱写着一首美妙动听的大自然的交响乐。"更准确地说, 那是共同存在(co-existence)的声响。……共同的存在形成了一个世界, 那就是天地万物。"[2]因而, 分化的世界中天地万物、阴阳四时所具有的秩序如同"天籁"一样, 没有"怒者"使之然, "若天之自高, 地之自厚, 日月之自明, 夫何修焉?"(《庄子·田子方》)"自高"、"自厚"、"自明"突出的是天、地、日月所体现出的存在的有序性、条理性, 完全取决于其自身, 自然而然, 不假外求。

　　就社会领域来说, 如前文所论及的, 庄子确认了不同的存在形态: 至德之世与动乱之世, 并赋予人与万物合而未分的至德之世以理想的性质, 所谓"至治"即表明了这一点: "子独不知至德之世乎? 昔者容成氏、大庭氏、伯皇氏、中央氏、栗陆氏、骊畜氏、轩辕氏、赫胥氏、尊卢氏、祝融氏、伏牺(羲)氏、神农氏, 当是时也, 民结绳而用之, 甘其食, 美其服, 乐其俗, 安其居。邻国相望, 鸡狗之音相闻, 民至老死而不相往来。若此之时, 则至治已。"(《庄子·胠箧》)至德之世中, 世界虽已分化为多样形态的万物, 但万物之间却"未始有封", 而人作为万物之一, 与他物、他人之间亦是未分化的原始状态, "鸡狗之音相闻, 民至老死而不相往来"即强调了人与物、人与人之间的无界限、无分际。与对自然层面的未始有封的本然世界所隐含的秩序性的确认相同, 庄子也确认了至德之世体现的是"至治", 即最完善的社会之序。但是, 世界的原初之在, 由于其作为原始的混沌, 在其中的存在是浑然一体的, 因而其秩序性具有隐含性。至德之世与之不同, 所呈现的

[1]　陈鼓应:《庄子今注今译》(上), 第39页。
[2]　弗朗索瓦·于连:《圣人无意: 或哲学的他者》, 第136页。

秩序是显露于外的："古者禽兽多而人少，于是民皆巢居以避之。昼拾橡栗，暮栖木上，故命之曰有巢氏之民。古者民不知衣服，夏多积薪，冬则炀之，故命之曰知生之民。神农之世，卧则居居，起则于于，民知其母，不知其父，与麋鹿共处，耕而食，织而衣，无有相害之心，此至德之隆也。"（《庄子·盗跖》）在远古时期，"民"即作为类的人与"禽兽"、"麋鹿"等万物共处，"耕而食"、"织而衣"，人对物、人对人均"无有相害之心"，由此，至德之世之有序性显露无遗。

与至德之世之体现最完善的社会秩序相对的，则是非至德之世中社会的失序。从远古时期人与万物相融、人与人和谐到充满冲突、争战的动乱之世，庄子认为是在"至德之隆"的"神农之世"之后，"黄帝不能致德，与蚩尤战于涿鹿之野，流血百里。尧舜作，立群臣，汤放其主，武王杀纣，自是之后，以强凌弱，以众暴寡，汤武以来，皆乱人之徒也"（《庄子·盗跖》）。可见，非至德之世中，人与万物逐渐分离、人与人之间充满争斗，社会则趋于"乱"，"汤武以来，皆乱人之徒也"展示的就是社会的无序。

但是，在庄子那里，就社会领域而言，其秩序性既体现于至德之世，又需在非至德之世中实现。因为至德之世具有的已然的特征，指向的是时间的过去之维，尽管它代表着"至治"的最完善的社会秩序，并作为理想的存在形态而指向未来的向度，但它终究不具有现实性。而非至德之世作为现实的存在形态，作为人不得不生存于其间、不得不面对的社会，也可以在一定程度上呈现其有序性，这从"遭治世不避其任，遇乱世不为苟存"（《庄子·让王》）中庄子将非至德之世区分为"治世"与"乱世"可以清楚地看出。虽然非至德之世中的"治世"之"治"不同于至德之世的"至治"，前者只是呈现某种程度上的秩序性，而后者则是最完善的社会之序。但就二者均体现着社会的有序性这一维度来看，则又有着相关性。由于"治世"呈现出有序性，因而对人的存在具有积极的意义，而"乱世"之冲突、争斗所呈现出的无序、失序，则往往会危及人的生命存在，因而呈现出否定的意义。虽然庄子认为非至德之世中的"治世"只是某种秩序形态的部分呈现，而非完全达到最完美的秩序，但因其是实然，因而其或"治"或"乱"对于人的存在具有着决定性的影响，在这一意义上可以说，庄子是以非至德之世中如何实现其"治"为关注的重心。

首先，庄子赋予"治世"中所体现的社会之序以形而上的根据。"天地虽大，其化均也；万物虽多，其治一也；人卒虽众，其主君也。君原于德而成于天。"（《庄子·天地》）"人卒"即民众，"君"在社会政治结构中居于核心的地位。"君"对民众之治，则以道对万物的制约为其根据，因而，"君原于德而成于天"。就此而言，社会之序以天地之序为本："君先而臣从，父先而子从，兄先而弟从，长先而少从，男先而女从，夫先而妇从。夫尊卑先后，天地之行也，故圣人取象焉。"（《庄子·天道》）社会政治结构中诸如君臣、父子、兄弟、长少、男女、夫妇等关系所体现出的"尊卑先后"，依据的是"天地之行"。也就是说，社会人伦所呈现出的有序性，本于天地之中的尊卑先后之序。庄子由此清楚地表明，天地之序对于社会之序具有本原性。

其次，庄子对社会之序的实现方式进行了规定："夫帝王之德，以天地为宗，以道德为主，以无为为常。无为也，则用天下而有余；有为也，则为天下用而不足。故古之人，贵夫无为也。"（《庄子·天道》）在此，庄子肯定了帝王对于万物、民众之治，以"无为"为其特点。而"无为"既能实现社会的有序性，又能对于人之"性"的安顿起到担保作用："故君子不得已而临莅天下，莫若无为，无为也，而后安其性命之情。"（《庄子·在宥》）之所以能够以"无为"的方式实现社会之"治"，原因在于人世的活动以无为的天道为其根据。"天无为以之清，地无为以之宁。故两无为相合，万物皆化。"（《庄子·至乐》）作为社会之序的形上根据，天地以"无为"为其自身的特点。而天地之"无为"既体现于"万物皆化"的过程中，又表现为内在之序的形成：天之"清"、地之"宁"即展示了这种有序性，以及这种有序状态的自然而然。因而，非至德之世中人之活动，也被赋予"无为"的性质。具体

53

而论，人世中的"无为"，要"放德而行，循道而趋"（《庄子·天道》），即要求在政治实践、伦理活动中尊重普遍之道、具体之德，这表现在具体的行为方式中，需"必分其能，必由其名，以此事上，以此畜下，以此治物，以此修身，知谋不用，必归其天，此之谓太平，治之至也"（《庄子·天道》）。"能"、"名"在一定意义上可以看作是人们所内含的"德"之体现，依据其能、其名对相应的人们进行区分，并使之处于不同的职位，由此而发挥不同的作用，对庄子来说，这一过程具有着"归其天"即合乎"道"的性质。对于"德"的尊重、对于"道"的依循，使得国得以"治"，同时也使得人世之序得以实现。而"作为社会政治领域的范畴，无为自始便与'治'相关，概括而言，庄子所说的'治'，既有名词义，又有动词义，在名词的意义上，'治'主要表示秩序或有序，如'至治'，便指最完美的秩序形态；在动词的意义上，'治'往往指有意而为之的治理活动"[1]。显然，"治之至也"之"治"表示的是社会的有序。

相应于"治"的两种含义，在庄子那里，"无为"既能够使社会之序（"治"）得以实现，同时，又表现为对目的性的疏离："闻在宥天下，不闻治天下也。"（《庄子·在宥》）"'在'者，优游自在之意。""'宥'者，宽容自得之意。"[2]与之相对的"治"是有意而为之，庄子之以"不闻"给予有意而为之之"治"以否定的态度。以在、宥的方式对待天下、万物，所导向的是社会的有序性、条理性，是其"治"；而有目的地去治理天下，所导向的则是社会的无序，甚至是失序，"三皇五帝之治天下，名曰治之，而乱莫甚焉"（《庄子·天运》），即表明了这一点。

庄子借老子对孔子的批评，一方面对有意而治进行否定，另一方面又对顺道而行的方式予以确认："夫子若欲使天下无失其牧乎？则天地固有常矣，日月固有明矣，星辰固有列矣，禽兽固有群矣，树木固有立矣，夫子亦放德而行，循道而趋，已至矣，又何偈偈乎揭仁义，若

---

[1] 杨国荣：《庄子的思想世界》，第89页。

[2] 林希逸：《庄子鬳斋口义校注》，周启成校注，中华书局1997年版，第162页。

击鼓而求亡子焉?"(《庄子·天道》)天地、日月、星辰、禽兽、树木作为自然层面的万物,呈现的是其"常"、"明"等有序的形态,而这种有序性是其自身内在("固有")的,是自然而然的。庄子把这种自然之序看作社会领域中"无为"的根据,认为只有顺道而行,才能达到社会领域中的有序形态,而有意而治,只能导向不治即"乱"的状态。

在此,庄子对于目的性展示了两重态度:一方面,肯定至德之世作为"至治"代表了最完善的社会秩序,并赋予其理想的性质,这在一定程度上可以看作是对目的性的承诺,并在非至德之世中以这种理想的形态引领着人们走向社会之"治",这当中无疑蕴含着目的性的维度。另一方面,庄子就非至德之世如何能够实现社会的有序形态的看法,则表现出对目的性、意向性的排斥、消解。这既展示了庄子思想中的紧张关系,又呈现出其思想的复杂性。

而非至德之世的或"治"或"乱",不仅仅对人的生命存在有着决定性的影响,它亦会直接地影响人的精神世界:"其寐也魂交,其觉也形开,与接为构,日以心斗。"(《庄子·齐物论》)当社会呈现无序、失序的状态时,相争、相斗作为人与人之间的存在方式,反映在个体的内在精神世界当中,心灵的紧张、不安随之产生。与之相应,个体的精神世界呈现的亦是相互对峙、彼此排斥的失序状态:不管是睡梦中("寐"),还是醒来的时候("觉"),都不得安宁,勾心斗角。

人的精神世界的分化、失序,不仅是社会政治形态之乱的反映,而且也是观念领域上失序的体现。"天下大乱,贤圣不明,道德不一,天下多得一察焉以自好,譬如耳目鼻口,皆有所明,不能相通;犹百家众技也,皆有所长,时有所用。虽然,不该不遍,一曲之士也。"(《庄子·天下》)在此,"天下大乱"主要指向的不是政治上的失序,而是观念领域的分化、无序,它集中体现在由执著于一偏之见("得一察焉以自好")而导致的观念、意见的纷乱即是非之争上。"是非之彰也,道之所以亏也。"(《庄子·齐物论》)是、非的形成,及执著于是或非,是对具有统一性的道的分裂。与之相应,是非之争表现为不同立场、观点之间的相争、相斥："道隐于小成,言隐于荣华。故有儒墨之是非,以是其所非而非其所是。"(《庄子·齐物论》)如儒、墨等持不同观念的各方,往往相互否定、排斥,一方认为正确的("是"),另一方则判定为错误("非其所是"),并且肯定前者认为谬误的("是其所非")。由此而扩展至"百家",则观念领域彼此相争所导致的纷乱与无序清晰可见。

而"小恐惴惴,大恐缦缦,其发若机栝,其司是非之谓也"(《庄子·齐物论》),即显示出是非之争所导致的精神世界的迷乱。惴惴,陈鼓应解释为:"忧惧的样子";缦缦,为"迷漫失神,惊魂失魄的神情"[1]。从更深层的意义上来看,是非之争则体现出具有不同观点的各方对不同价值取向的执著与追求,并在一定程度上呈现为情感层面的好恶,如对其所"是"的喜之好之,对其所"非"的则怒之恶之。"使人喜怒失位,居处无常,思虑不自得,中道不成章,于是乎天下始乔诘卓鸷,而后有盗跖、曾、史之行。"(《庄子·在宥》)与在是非之争中执著于好、恶一样,在其他社会生活中,喜怒、好恶之情的"失位"即偏失或无序,则将进一步地引发精神世界的不健全,从而最终导致人之本然之性的失落。

因而,要扬弃精神世界的紧张、冲突,实现精神的平和、有序,则既要求在政治领域实现其"治",又要超越是非之争,并且合理安顿自身的情感,以维护和挺立自身本然之性。在观念领域,庄子以齐是非来扬弃乱而无序的状态:"是亦一无穷,非亦一无穷也。故曰:莫若以明。"(《庄子·齐物论》)"欲是其所非而非其所是,则莫若以明。"(《庄子·齐物论》)与其执著于是、非,而沉溺于无穷的是非之争,则不如超越是非之分,从而达到"明"之境。"明"所体现的是无分于是非、无界限、无分际的统一,因而,内含着统一性与秩序性的双重维度。就是非之争所体现的对情感的执著与过度强化而言,庄子对无穷的是非

[1] 陈鼓应:《庄子今注今译》(上),第43页。

之分的超越，对是非未彰的"明"之确认，同时蕴含着对其中所体现的好恶之情的超越。由此，庄子对情感作出了规定："吾所谓无情者，言人之不以好恶内伤其身，常因自然而不益生也。"（《庄子·德充符》）世俗的喜怒哀乐之情都基于一定的价值追求，并执著于此，人往往被情所支配，导致自身本然之性的失落。而庄子之"无情"则确认作为人的自然性情之"情"，"无情非完全消除情感，而是摆脱体现不同价值取向的好恶之情对人的消极影响"[1]，唯有无好恶之情，才能不被其所支配，在维护自身本然之性的基础上，达到精神世界的有序性。在庄子那里，精神世界的有序性被称为"和"。"和"有平和、宁静之义，"心莫若和"（《庄子·人间世》）即确认"和"作为"心"的存在形态，其所代表的平和之境。"平者，水停之盛也，其可以为法也，内保之而外不荡也。德者，成和之修也。"（《庄子·德充符》）庄子把"和"与"水"相联系，使得精神之"和"有如宁静而不流动的水，表现为一种摆脱外部世界干扰的、不被外物所支配的平和心境。

这种平和的心境既蕴含着有序性，又以"一"为指向："守其一，以处其和。"（《庄子·在宥》）也就是说，个体只有保持、守护其精神世界的内在统一性，才能使之达到心灵平和的有序状态。在此，精神世界的统一性所蕴含的"一"之维，与心灵的平和、宁静所体现的秩序性展开为一个统一的过程。

可以看到，与世界之在的两重形态相应，庄子对存在之序的关注，在自然层面上既赋予世界之原初存在以秩序性，又通过分而齐之赋予分化的现实世界以内在之序；在社会领域中，既肯定至德之世所蕴含的自发之序，又在一定程度上确认了非至德之世中由循道无为而呈现的有序形态，而"治世"之有序性则为人精神世界之平和、宁静提供了担保。显然，相对于原初之在所具有的有序形态的隐含性、至德之世所具有的秩序的自发性，庄子立足于分化的现实世界，使得存在之

---

[1]　杨国荣:《庄子的思想世界》，第 97 页。

序更具体地展示了世界的统一性：首先，从自然的层面来看，就万物存在的多样形态而言，秩序之维使万物超越了"杂"、"乱"而具有条理性；就万物之间的化生变迁而论，秩序之维使得万物之生、之化绵延相接，从而呈现有序性。其次，社会领域中非至德之世可以达到"治"之形态，它在呈现社会之序的同时，又能对人之生命存在、精神世界产生积极的影响。因而，不管是自然层面的万物，还是社会领域中的人的存在，当它们以条理性、绵延性、有序性为其存在的方式时，多样的存在形态之间不再是彼此分离的，而是内在相通、相互关联的。在此，以道为终极的本原、根据，存在之序既使存在的分离性得以扬弃，又使自身与存在的统一性合而为一。

第二节　以道观之

就把握存在的视域而言，通呈现为"以道观之"的视域之通。从本体论上看，分化的现实世界蕴含的存在之通所具有的统一性、秩序性，为分而齐之[1]的视域之通提供了前提和根据，并使之得以可能。在庄子那里，"以道观之"既展开于物物之间，又体现于物我、人我的维度。

一、齐物

对庄子而言，不管是世界之原初存在形态，还是分化的现实世界，均以通为特征，这同时规定了对存在的把握方式亦以通为指向。"古之人，其知有所至矣。恶乎至？有以为未始有物者，至矣，尽矣，不可以加矣。其次以为有物矣，而未始有封也。其次以为有封焉，而未始

---

[1]　在此，是在认识论的意义上使用分而齐之一词。人所面对的、生活于其间的世界是分化的现实世界，对于多样的、纷杂的万物及社会现象，人认识它们的方式不同，所导致的认识结果不同，与之相应，人之存在形态及存在境界亦不同。"以道观之"即人从道的视域出发，来看待多样的存在形态，使之由分而走向通，这无疑具有认识论的意义。

有是非也。是非之彰也，道之所以亏也。"（《庄子·齐物论》）如上所述，"未始有物"超然于时间上的先后、本体论上的有无，表现为浑然一体的原始混沌；"封"即界限、分际，"有物"却"未始有封"则表明世界虽有物存在，但却浑然无分。二者均表明世界之在处于未分化的形态。与一而未分的世界原初之在相对的，则是"有物"且"有封"的分化的现实世界。"有封"即确认了物与物之间以分化、界限为特点，从而呈现为万物的多样形态。在此，庄子将世界之在的不同形态与人对存在的认识、理解联系起来，并将存在的不同形态看作是人对存在的认识结果。"以为"即表明人以自身之视域去看待世界之在，"知"则作为人看待世界之在的认识结果。前文已论及，就存在本身来看，庄子赋予"未始有物"或"未始有封"的本然之在以原初性及理想性，赋予分化的现实世界以现实性及不完美性。与之相应，就人对存在的认识、理解来看，"以为"世界处于"未始有物"的浑然一体的形态，则表明人对存在的认识已经达到最高的境界，庄子以"至矣，尽矣，不可以加矣"来表明这种至上的认识之境；"其次"则表明"以为"世界之在"有物矣，而未始有封"，低于"以为未始有物"的至上认识之境，唯其仍以无分为特征，故亦是一种较高的认识境界；而"以为有封"者，则指人以分为视域，把世界看作为多样的、纷杂的存在形态，对此，庄子显然持否定的态度。

但是，人所面对的、生活于其间的世界呈现的是分化的、多样的存在形态，"封"显然是现实存在的。就自然对象来说，从静态来看，"万物殊理"（《庄子·则阳》）所确认的"物"之"万"即从一个方面表明"物"之多样性。与之相似，"四时殊气"（《庄子·则阳》）亦肯定了"时"之分化、不同。而"物固有所然，物固有所可。无物不然，无物不可"（《庄子·齐物论》）则在更内在的意义上承认物之多样性：所谓"然"、"可"即作为物之自身的本质规定，"无物不然，无物不可"无疑肯定了经验世界中的每一物均具有区别于他物的特殊性质，这种内在的本质性规定使得物既成为其自身，又区别于他物，呈现于外，即表

59

现为形态各异的万物。

从动态来看，在"物"之多样性的背后，是物之"变"："物之生也，若骤若驰。无动而不变，无时而不移。何为乎？何不为乎？夫固将自化。"(《庄子·秋水》)万物的生长，就像快马奔驰一样，没有一个动作不在变化，没有一个时间不在移动。也就是说，经验世界的对象以"变"为其特点，每一物都处于发生、发展、消亡的变化过程当中。"无动而不变，无时而不移"彰显了万物之"变"的普遍性，同时，这种变动性又"若骤若驰"，使得物难以被把握。

以分之视域对待世界之在，仅仅关注物之多样性、变动性，则"有封"之世界图景便会呈现出来，相应地，人也会成为庄子所否定的"以为有封"者，这在"道不欲杂。杂则多，多则扰，扰则尤，尤而不救"(《庄子·人间世》)中清晰地体现出来。如果过度关注物与物之间的界限、分际，现实世界中物呈现的就不是多样性意义上的"多"，而是杂乱无序意义上的"多"，这不仅会对人的认识造成困扰，并最终影响人自身的存在形态(如使其成为"以为有封"者)。

然而，分化的现实世界既以物之多样性、变动性呈现出来，身处其中的人们该怎么面对各种区分、差异，并最终达到至上的认识之境？庄子提出"以道观之"的观念，并为其寻找本体论的根据。如前所述，庄子认为具体世界中的每一物均具有自身的"然"、"可"，在此基础上，他认为："无物不然，无物不可。故为是举莛与楹，厉与西施，恢恑憰怪，道通为一。"(《庄子·齐物论》)莛，草茎；楹，木柱。莛之小、楹之大代表着小、大不同之物。俞樾说："莛楹以大小言，厉西施以好丑言。"[1]厉与西施代表着丑陋与美貌，而"恢恑憰怪"则表示千形万状、形形色色的怪异现象。也就是说，现实世界有着呈现为大小、美丑等形态各异的物，在这些不同甚至具有着相反表征的物之中，无一例外地包含着其自身的本质性规定("然"、"可")，这种规定即具有

---

[1] 陈鼓应:《庄子今注今译》(上)，第63页。

统一性、普遍性的"道"在具体之物中的体现,因而,呈现为多样形态的物有着其存在的理由和根据。就现实世界中物的呈现形态而言,物与物之间表现出的是由区分、差异而来的多样化;就"无物"不内含并体现"道"而言,它们之间具有着彼此相通的特征,"道通为一"即强调了物与物之间的这种内在之通。因而,"故其好之也一,其弗好之也一,其一也一,其不一也一。其一与天为徒,其不一与人为徒。天与人不相胜也,是之谓真人"(《庄子·大宗师》)。刘笑敢对此的看法是:"不管你喜欢不喜欢,万物都是齐而为一的,说它是一也好,说它不是一也好,反正它是一。承认万物为一就是'与天为徒'的真人,不承认万物为一就是'与人为徒'的凡人。"[1]

以此为根据,对"有封"之现实世界,不应该仅仅停留于不同对象的外在表现形式,而应该超越"分"、"异",从"道"的观点对其加以考察:"以道观之,物无贵贱;以物观之,自贵而相贱。"(《庄子·秋水》)在此,"贵贱既体现了价值观上的差异,也具有本体论的意义(分别涉及事物肯定性的规定与否定性的规定)"[2],物或"贵"或"贱"主要是相对于人而言的,对物与物来说,其间没有贵贱之分。"道"作为存在的本原、根据,其内含的统一性之维以"一"、"通"为指向,其具有的普遍性则隐含着存在的分化。因而,就不同之物来说,"以道观之"表现为分而齐之,意味着超越物与物之间的分际、界限,从通之视域去把握世界之在,并使物与物之间呈现出通而为一的存在图景。所以,从道的观点出发去看待外部世界的不同对象,物与物之间尽管在存在形态上有着区分、差异,但在实质上它们没有贵贱之分,而是表现为通而为一的状态;与之相对,"以物观之"即意味着以分、别的立场出发,首先将对象自身与他物区分开,由之出发,着眼于对象自身之在,在肯定自身的前提下对他物进行排斥、否定,所谓"自贵而相贱"。这无疑与马丁·布伯所谓的"人执持双重态度,故尔世界于他呈现为双

[1] 刘笑敢:《庄子哲学及其演变》,第129页。
[2] 杨国荣:《庄子的思想世界》,第59页。

重世界"[1]具有相似之处。庄子对"以道观之"的肯定，既展示着其对视域之通的追求，又确认了分化的现实世界是存在的本体论前提。基于此，"齐物""并不是要让万物整齐划一，都有同样的标准"，而是"并不否认差别的存在……回溯其根本的统一——没有差别的根源之统一"[2]。这种视域之通在庄子所谓的理想人格中得到体现，"圣人不被事物的差别所局囿，而是要超越差别——圣人知道如何使差别相对化：因此，在感知事物的统一性的同时，圣人的心是开放的"[3]。

同时，如前文所论及的，分化的现实世界中的万物均"一"于气："通天下一气耳。"（《庄子·知北游》）就此而言，物与物之间亦需分而齐之。"万物皆种也，以不同形相禅，始卒若环，莫得其伦，是谓天均。天均者，天倪也。"（《庄子·寓言》）物之"万"表征着具体世界中物的多样性，就具体之物而言，其存在形态有着产生、变化、消亡的过程，但天下万物均"一"于气，使得不同的物之间能够相互转化。因而，从"齐"或"通"的角度来看，不同的物之间相生、相化（"以不同形相禅"），在总体上形成了一幅和谐、统一的存在图景。这一存在图景隐藏在多样、纷杂的万物之后，在实质上展示着世界之在之通。正如庄子所表明的："自其异者视之，肝胆楚越也；自其同者视之，万物皆一也。"（《庄子·德充符》）具体而论，物与物之间的相生、相禅，涉及具体之物的生与死。庄子对此作了考察："夫天下也者，万物之所一也。得其所一而同焉，则四支百体将为尘垢，而死生终始将为昼夜。"（《庄子·田子方》）气作为天下万物的本原，侧重于构成万物的质料，所谓"聚则为生，散则为死"（《庄子·知北游》）表明的就是气之聚为物之生，气之散为物之死。庄子的这一看法使得生与死作为气的不同形态呈现出其相通性。"死生终始将为昼夜"，从整体来看，物物之间生与死的相继如同昼夜的更替，表现为一个循环的过程，并

---

[1] 马丁·布伯：《我与你》，第27页。

[2] 弗朗索瓦·于连：《圣人无意：或哲学的他者》，第156页。

[3] 同上书，第156—157页。

具有无尽的性质,所谓"生有所乎萌,死有所乎归,始终相反乎无端,而莫知乎其所穷"(《庄子·田子方》)即表明了这一点。就个体之物来说,气之聚为生、气之散为死展示了生、死的不同:前者为气聚,因而个体之物在现实世界中是有形的存在,占据着特定的时间、空间,具有着自身内在的独特规定;后者为气散,代表着个体之物在现实世界中的消逝。在庄子那里,就个体之物自身来说,其生、其死虽表现形式不同,但是作为自然现象,二者无差别;从天地万物之维度来看,一物之死意味着他物之生,"始卒若环",生死之间的界限亦被消解。

因而,这里既有在本体论上以"气"统一多样化的物(包括物之生、死)的一面,又意味着从"通"的角度实现视域的转换,从而使得已分化的、多样形态的万物最终能够在整体上呈现"始卒若环"的和谐、统一。

可以看到,"以道观之"在物与物之间展开为"齐物",其本体论的前提是现实之在中物与物之间的区分、差异。庄子要求用"以道观之"扬弃"以物观之",使物与物的分化所形成的分际、界限只具有外在形态上的意义,而在实质上则趋向消解。程颐曾对庄子的齐物之论提出批评:"庄子之意欲齐物理耶? 物理从来齐,何待庄子而后齐? 若齐物形,物形从来不齐,如何齐得? 此意是庄子见道浅,不奈胸中所得何,遂著此论也。"[1]程颐的上述观点无疑有失偏颇,实际上,庄子之"齐物"并不是要让万物敉平,他首先承认分化的现实世界中万物外在形态上的多样性,同时又肯定了万物均有其自身之为自身的独特规定("德"、"理")。"以道观之"是不执著于物与物之间的分际,从"通"之视域出发去看待世界之在,从而使得现实之在呈现出其既分的形态背后隐藏着的统一的存在图景。然而,庄子之"齐物"亦不只如葛瑞汉所说:"圣人将事物当作一来对待(treating things as one),而从未说

---

[1] 程颢、程颐:《二程集》,中华书局 1981 年版,第 289 页。

事物本身真是一。"[1] 毋宁说，"齐物"作为庄子的观物方式，既以世界之在通而为一为本体论的前提，又再现了现实之在中物与物之间的相通、统一。

二、齐物我

"以道观之"的视域之通，不仅涉及现实之在中物与物的关系，也将宽泛意义上的物我关系涵盖其中，从而表现为"齐物我"。与人和万物合一的存在之通相应，"齐物我"既展现出物我之通，又包含人我之通。

就物我之间而言，"齐物我"以现实之在中物与人之分为前提。"彼是莫得其偶，谓之道枢。"（《庄子·齐物论》）"彼""是"即彼此之分，作为一种普遍的分际、界限，它既指向物与物之间，又兼及物我之间的彼此之分、相互对待，"从更本原的层面上说，'此'在与'彼'在之分，唯有在对象与主体的关系中，才呈现其全部的意义，后者（对象与主体之分）即涉及物我关系"[2]。因而，庄子在承认现实世界彼此之分的前提下，对"彼是莫得其偶"的强调既蕴含着对物与物之间的相互对待的否定，又趋向于消解、破除物与我之间的对峙，进一步引申开来，前者导向的是"齐物"，后者则展开为"齐物我"，并最终表现为"与物无际"的物我交融："物物者与物无际，而物有际者，所谓物际者也。不际之际，际之不际者也。"（《庄子·知北游》）在此，"际"即界限、分际，"物物"涉及对"物"的作用，而"物物者"则指作用于物的人。如前所述，在社会领域中，庄子否定了有意而治的行为方式，认为对天下、万物应采取顺道而行的"无为"之"为"。与此一致，"物物者与物无际"表明人以顺乎道的方式作用于物的过程中与物没有界限。"物有际者"，即物与物之间的界限，这既是现实之在呈现出的外

---

[1]　A.C.Graham：*Chuang-tzu*：*The Seven Inner Chapters and Other Writings from the Book Chuang-tzu*，London：George Allen & Unwin，1981，p.20.

[2]　杨国荣：《庄子的思想世界》，第 63 页。

在的存在图景，又是在"以物观之"的方式下显现出来的分裂的存在形态。而"际之不际"是超越物与物、物与我之间的界限，从而达到无界限。在现实之在中，物与物之间确实呈现出其相分性、界限性，但若执著于"以物观之"，则会使世界之在实质层面的通之特征隐匿在物物相分的背后而不再呈现；而人以合于道的方式对物的作用过程则表现为化物我之间的界限为无界限，并最终呈现为物我的相通、相融。

而人对物的作用，首先涉及的是人如何看待物的问题。对庄子而言，只有从"齐物"出发，才能达到"齐物我"："以道观之，何贵何贱？……泛泛乎其若四方之无穷，其无所畛域。兼怀万物，其孰承翼？是谓无方。万物一齐，孰短孰长？"(《庄子·秋水》)如前所述，从道的视域出发去看待天下万物，物之间无界限，世界之在本无差异而呈现通而为一的形态，"其无所畛域"表明的就是物与物之间的无分、相通。在此基础上，人需以"兼怀万物"的方式去对待物，即以无差异、无区分的立场对待天下万物，由之而将万物普遍地包含在人的存在之域之内。因而，就分化的现实世界而言，"以道观之"使得物与物之间在实质的层面无差异，所谓"万物一齐，孰短孰长"，在物我关系上，这同时意味着万物于我无分亲疏，进而言之，人之"兼怀万物"的待物方式使得物我相通。就此而言，由物之齐，才能实现物我齐。

然而，物我关系除了指向人与世界的相关、相通之外，还涉及人我之间的交往。庄子认为在非至德之世中，人与人之间存在着各种形式的紧张与冲突，对人的生命存在与精神世界都有着否定性的影响："其寐也魂交，其觉也形开，与接为构，日以心斗。缦者，窖者，密者。小恐惴惴，大恐缦缦，其发若机栝，其司是非之谓也；其留如诅盟，其守胜之谓也；其杀如秋冬，以言其日消也，其溺之所为之，不可使复之也；其厌也如缄，以言其老洫也；近死之心，莫使复阳也。喜怒哀乐，虑叹变热，姚佚启态。乐出虚，蒸成菌。日夜相代乎前，而莫知其所萌。"(《庄子·齐物论》)在这里，随着社会的分化，人与人之间不仅有外在的争斗、冲突，也有内在精神世界的彼此排斥、否定，人都生活在紧张、恐惧、戒备之中。然而，人我之间的这种紧张、对峙的产生则基于从至德之世之"治"到非至德之世之"乱"的分化过程。

而要扬弃人我之间的这种对峙，建立人与人之间的和谐、统一，庄子首先在社会政治领域引入了"以道观之"的原则，以确保社会之序："以道观言，而天下之君正；以道观分，而君臣之义明；以道观能，而天下之官治。"（《庄子·天地》）"以道观之"是以统一的视域去观，而在社会政治领域当中，道之统一性主要表现为其"公"、"不私"，如"道不私"、"道者为之公"（《庄子·则阳》），而以道为根据的治国过程，当然应体现公而不私的品格。具体来说，在非至德之世中，不同的个体因利益、存在背景、存在形态等的差异，往往会提出不同，甚至是相反的观点、主张，而庄子所提出的"以道观言"，就是要求从道公而不私的角度对各种观点加以考察；而"分"则既指社会地位上的差异，又涉及职能上的区分，由之形成的是君臣之间的相互对待关系，"以道观分"是以统一、不私之道看待其分、其异，从而使君臣之间的对待转化为和谐的秩序；"能"指能力、才干，"以道观能"承认政治领域中不同的个体之间具有能力、才干上的差异，基于此，要求从公而不私的角度，使能力不同的个体分别担任不同的职位，从而最终使国得以展现"治"的形态。就"言"、"分"、"能"均涉及人我关系来看，社会政治由乱而治、由无序至有序，需要在治国过程中从道的视域出发，扬弃人我之间的分、别，走向合。

其次，就人与人之间具体的交往而言，庄子对"不能容人者"持批评、否定的态度，原因在于其所导致的是人我的相斥而非相通："与物穷者，物入焉；与物且者，其身之不能容，焉能容人？不能容人者无亲，无亲者尽人。"（《庄子·庚桑楚》）褚伯秀说："'与物穷者'，言尽物之性。'人'犹归也。"[1] "与物穷"、"与物且"涉及的是物我之间的关系。在"与物穷"中，物我在不失自身本然之性的同时又始终相

---

　　[1]　陈鼓应：《庄子今注今译》（下），第 609 页。

通，故能尽物之性且使物我相融（"物入焉"）；"与物且"中，物我不能相通，与物相对之我难以获得自身的定位，在此基础上，我之兼容他人亦变得不可能；而"不能容人"所导致的是"无亲"且"尽人"，换言之，由于不能兼容他人，人我之间的相通失去其可能性，从而使与我相处者都成为相分、相对待的他人。在此，物我关系与人我关系呈现出相通性，物我之间的相分导致人我之间的相斥。可以说，庄子对"不能容人"的批评旨在从否定的方面来展示以通之视域对待人我之间关系的意义。

与之相对，庄子以"至礼有不人"从正面肯定了"齐人我"的重要性："蹑市人之足，则辞以放骜，兄则以妪，大亲则已矣。故曰：至礼有不人。"（《庄子·庚桑楚》）"市人"、"兄"、"大亲"，展示了人我之间由疏远到至近的关系。"市人"作为与我关系疏远的他者，踩了他的脚而表示歉意，既表现为外在的礼仪，又显示出内心的自责；而对于兄弟、父母所呈现出的，则主要是内在的关切之情。对于"至礼有不人"，郭象注："不人者，视人若己。"林希逸说："至礼有不人，谓礼之至者，无人己之分，忘其揖逊也。"[1] 也就是说，"至礼"的实质在于在人我交往过程中，不把交往中的"人"看作与我相对的"他人"，而是视人若己，实现人我的相通、相融。就此而言，庄子眼中的"他人"与海德格尔对"他人"的理解有相同之处。在海德格尔看来，"'他人'并不等于说在我之外的全体余数，而这个我则从这全部余数中兀然特立；他人倒是我们本身多半与之无别、我们也在其中的那些人。"[2] 而对于庄子来说，人我之所以能齐，以人我之间的共同性为基础，这可从"道通为一"获得本体论的依据；人我之所以需要齐，显然以分化的现实世界中人我之间的差异性为前提，并以价值论上人我之间的通而为一为指向。

---

[1] 陈鼓应：《庄子今注今译》（下），第617页。

[2] ［德］海德格尔：《存在与时间》，陈嘉映、王庆节合译，生活·读书·新知三联书店2006年版，第137页。

同时，对庄子来说，人我之间不仅应该在日常的言行举止中展示出视人若己的相通性，更应该在观念领域中展示出其统一性，后者以"齐是非"为内容。是非之辩可以被视作观念领域中的"不能容人"，它虽展开于人我之间，但以物我关系为基础，并涉及人考察世界的方式。

如前所述，庄子认为各执己见、相互争辩的百家是"得一察焉以自好"（《庄子·天下》）。"察"既涉及人对外物、外部世界的考察、认识过程，又包含着与该认识过程相对应而获得的认识结果。所谓"一察"，俞樾认为"即得其一边，正不知全体之谓"[1]，也就是专注于一点，察其一端，而不及其余，以片面的方式去考察世界，从而对世界的认识亦是片面的。在这一意义上，可以说"一察"即为一偏之见。对于偏见的产生，于连指出："被事物的一面遮住了眼睛，从而看不到另一面：看到的只是'一隅'，而不是整体性。"[2]因而，"任何一个体系都不一定比另一个更好，两两相对的项都是势均力敌的，用怀疑论学者的话说就是'等值的'（isosthéniques）……每个人的论断都是一种可能的观点——都只能是一种可能的观点"[3]，"正因为如此……需要赶快从争辩中摆脱出来"[4]。但考察者自身却以之"自好"，以为自己对世界的把握是正确且全面的，执持自身之"一察"而自我炫耀。同时，在庄子眼中，执著于对世界的上述考察方式并自耀所获得的认识结果，具有普遍性，这在"天下大乱，贤圣不明，道德不一，天下多得一察焉以自好"（《庄子·天下》）中得到了体现。由此所引发的，则是儒、墨等百家的是非之争："故有儒墨之是非，以是其所非而非其所是。"（《庄子·齐物论》）在百家争辩的过程中，就自身立场、观点的展示而言，各方均以是其所是的方式展示自身对于外部世界的一得之见，以非其所非的方式展示自身所否定的；就争辩各方所持观点的分歧而言，又

---

[1] 陈鼓应：《庄子今注今译》（下），第860页。
[2] 弗朗索瓦·于连：《圣人无意：或哲学的他者》，第113页。
[3] 同上书，第175页。
[4] 同上书，第174页。

是以对对方观点"是其所非"、"非其所是"的方式表明自身立场与对方立场的不同,甚至是相左。因而,在争论的各方执著于其一偏之见的同时,总难免会忽视其他的一些方面,所谓"辩也者,有不见也"(《庄子·齐物论》)即表明了这一点。究其原因,一方面是由于外部世界中的对象,总是处于发生、发展、消逝的过程当中,"物之生也,若骤若驰。无动而不变,无时而不移"(《庄子·秋水》)。"无动而不变,无时而不移"展示出的就是外部世界变动的普遍性。而人对世界的把握显然必须以外部世界的呈现为前提,并随其变迁而作出相应的调整,从而获得对世界较为正确的认识。在此,以变迁为特点的外部世界,使人对其达到全面的认识呈现为一个过程。就此而言,是非之争中的各方所获得的认识均对应于外部世界的某一方面、某一阶段,从而忽视了其他的方面、其他的阶段。另一方面,则是由于人所处的存在境域不同,即便其考察、认识针对的是同一对象,获得的认识结果亦会有差异,"物无非彼,物无非是。自彼则不见,自是则知之"(《庄子·齐物论》)。"自"指自我,"彼"指他人。人们习惯于从自身的立场出发去认识对象,而不能从与自我不同的他人出发去把握对象,自我视域的局限既使自身难以全面地把握事物,从而造成对事物某方面规定的忽视;又导致人我之间观点的分歧,从而引发是非的争论。

而以"一察"表现出来的一偏之见,其形成过程除了外部世界的变动性使人对物的把握具有过程性及人的不同存在境域导致对世界的认识具有局限性之外,又在更内在的层面涉及"成心"。"夫随其成心而师之,谁独且无师乎?……未成乎心而有是非,是今日适越而昔至也。是以无有为有。"(《庄子·齐物论》)"成心"即成见,表现为人所已有之见,是一种先入的观念。[1]庄子认为人很难避免"成心",

---

[1] 对于"成心",成玄英说:"域情滞着,执一家之偏见者,谓之'成心'。"林云铭说:"'成心',谓人心之所至,便有成见在胸中,牢不可破,无知愚皆然。"王闿运说:"成心,己是之心。"[陈鼓应:《庄子今注今译》(上),第50页]上述各家的注释侧重点虽不同,但无一例外均确认了成心作为人已有之成见的含义。

"谁独且无师乎?"即确认了这一点。而"随其成心而师之",则意味着从个体已有的成见出发,由此以来,形成的是视域的差异以及观点、意见的分歧,从而最终导致是非之争。在这一意义上,庄子认为"成心"作为是非的内在根源,"未成乎心而有是非,是今日适越而昔至也",表明了"成心"与是非的这种关系。对此,陈鼓应曾说:"'成心'在齐物论是个很重要的观念,物论之所以自我中心,引发无数主观是是非非的争执,产生武断的态度与排他的现象,归根究底是由于'成心'作祟。……庄子认为'今日适越而昔至'是绝对没有的事(是"以无为有"的),意思是说:没有成心是不会有是非的,即是说,人的是非,都是由于成心先已形成。"[1]因而,"成心"作为人所已有的成见、前见,在实质上呈现为一种稳定的思维定势,而这种思维定势又具有片面性、主观性,并影响着人们看待外部世界的视域以及考察方式。在一定意义上,可以说,有什么样的"成心",相应地就会有什么样的视域及考察方式,而"成心"所具有的片面性、稳定性,同时也赋予相应的视域及考察方式以片面性,并执著于该考察方式及认识结果。于连显然认识到了这一点,曾说道:"我们的心一旦变为'成心',问题便产生了。'成心'导致产生局限性……因为'成心'使我们只看到一种'成',而再也看不到其他'成'的可能性,使我们只从这一个方面看待事物,而忘掉了事物还有其他的方面;事物因此而被遮蔽。……所谓'观点',指的确确实实是一个点,这个点或那个点,它是相对静止的,使我们看到事物的某一个方面。从这一点上展开一片视角,却把别的视角隐藏了起来。它让我们看到只能从这一点上看到的东西,却无法告诉我们在别的点上有可能看到什么。'观点'的错误在于,它使我们看不到事物的性质是'变化',只把事物像一片风景一样展现在我们眼前,它居高临下,通过窃取的支配权,只让我们从某个方向上看——它为我们固定和规定了一片视野。"[2]相较于外部世界与人的存在境域,"成心"从更内在的层面构成了是非之争产生的

[1] 陈鼓应:《庄子今注今译》(上),第50—51页。
[2] 弗朗索瓦·于连:《圣人无意:或哲学的他者》,第117—118页。

根源。

而庄子对"成心"的摒弃，则在一定程度上与胡塞尔、海德格尔等现象学家对现象学特征的描述有着相似之处。胡塞尔曾对以往的一些哲学家提出批评，将他们称作是"立场哲学家"，并认为自己的现象学与之不同，"而我们则从先于一切观点的东西开始：从本身被直观给与的和先于一切理论活动的东西的整个领域开始，从一切人们可直接看到和把握的东西开始"[1]。与之一致，海德格尔也认为"'现象学'这个词本来意味着一个方法概念"，"只要现象学正当地领会了自己，它就既不是某种'立场'也不是某个'流派'，而且也不可能成为这类东西"[2]。可以看到，二者都认为现象学的方法和态度不包含任何前设和成见，无立场、无方向，其强调的是自明性。而无前设、无立场、无方向，作为现象学的方法，同时意味着对固有的前设、立场、方向的排除和摒弃，这与庄子对"成心"的否定不无相通之处。

与之相应，庄子认为，是非之争的发生、展开，使统一的道被分裂："是非之彰也，道之所以亏也。"（《庄子·齐物论》）在此，是非之分的形成，是对统一之道的否定。[3]因为是非之争表现为持不同观点、主张的各方彼此相争、相辩的形态，而如前文所论及的，每一种观点、主张仅仅作为"一察"指向存在的某一个方面或某一个阶段，从而无法把握作为整体的道。"只要我们一开口，便违背了事物本没有是非彼此之分的'道'，便忽视了其共同的资源；在将事物分出是非彼此的同时，我们局囿了事物，使事物变得僵化了。言说，便意味着选择——言说，便意味着判明是非彼此；同时，我们也就'遮蔽'了事物发展进

---

[1]　胡塞尔著、舒曼编：《纯粹现象学通论：纯粹现象学和现象学哲学的观念》（第一卷），李幼蒸译，商务印书馆1992年版，第79页。

[2]　海德格尔：《存在与时间》，第32页。

[3]　是非之辩所导致的"道"之"亏"，具有两重含义。对此，杨国荣先生曾明确地指出："这里所说的道之所'亏'，不仅仅指涉分化的存在图景，而且也兼及作为真理系统的'道'。与本体论上肯定'未始有封'的存在之道相应，庄子在认识论上也预设了统一的'道术'。"（杨国荣：《庄子的思想世界》，第71页）

程中'无分界'和'无分别'的特点，也就'遮蔽'了'道'。"[1]就其对外部世界的考察方式而言，是非之辩的各方，均以分、别的视域考察外部世界，与之相应，外部世界再现于争辩各方面前的亦是分裂的存在图景；就其所把握到的世界而言，"一察"作为一偏之见，亦是对统一之道的片面化，百家各"得一察焉以自好"(《庄子·天下》)，其结果则是"道术将为天下裂"："百家往而不反，必不合矣。后世之学者，不幸不见天地之纯，古人之大体，道术将为天下裂。"(《庄子·天下》)可以看到，各执一偏之见的是非之辩，既指向存在图景的分裂，又导致认识之道的片面化。

基于是非之辩的如上否定性质，庄子以"齐是非"来扬弃无穷的是非争论，向统一之道回归。首先，庄子认为应该以一而无分的本然形态作为消除是非之争的依据："欲是其所非而非其所是，则莫若以明。"(《庄子·齐物论》)"是其所非而非其所是"即前文所论述的如儒、墨各家的是非争论，争论双方各自肯定对方所否定的，而否定对方所肯定的，从而陷入无穷的争辩当中。庄子认为只有以本然的统一形态("明")作为"齐"是非的依据，才能对是非进行双重扬弃。因为以统一性、无分际为特点的"明"所展示的是无分于是非的本然形态或超越是非的理想形态，二者都以通为内涵。在相近的意义上，庄子提出"因是因非，因非因是。是以圣人不由，而照之于天，亦因是也"(《庄子·齐物论》)。显然，"因是因非，因非因是"仍然局限于是非之辩，而"圣人"作为庄子的理想人格的代表，其"不由"显示出不执著于是非之分，"天"指的是本然或自然，与"明"一致，其以"未始有封"的浑而未分为内在品格。"照之于天"表明圣人以一而无分的通之立场和视域来考察世界之在，从而超越是非之分，达到对整体之道、统一之道的认识。可以看到，"莫若以明"、"照之于天"都是以本然的统一作为是非之所以

---

　　[1]　弗朗索瓦·于连:《圣人无意：或哲学的他者》，第190页。

能够"齐"的根据,进而超越无穷的是非之争,回到对统一之道的认识。

其次,面对是非之争所带来的观念领域的分化,与物我关系上之确认"兼怀万物"相应,庄子亦提出"怀之"作为对待是是非非的方式:"故分也者,有不分也;辩也者,有不辩也。曰:何也?圣人怀之,众人辩之以相示也。"(《庄子·齐物论》)如上所述,以分、别的视域出发对待外部世界,得到关于存在某一方面或某一层面的认识,并执著于此,从而在人我之间形成彼此相争、相辩的形态。因而,在某种程度上可以说有"分"才有"辩","辩"以"分"为前提;同时,人我之间的争辩亦蕴含着"分"(既指向争辩中各方的视域所具有的局限性,又涉及所获得的认识结果的片面性,即对统一的真理的分化),在这一意义上,可以说,"辩"中有"分"。不论是"分",还是"辩",都有着自身的局限性、片面性,因为它们无法把握一切对象而总是会遗留"分"与"辩"所不及者,正所谓"分也者,有不分也;辩也者,有不辩也",但凡争辩者,都只见自己之所是,并执著于此,而不见自己之所非。与"辩之"相对,所谓"怀之",郭象注:"以不辩为怀"[1],从表面上看,是指包容是是非非所代表的不同观点、意见,不作论辩;而其深层内涵则表示以超越划界的立场对待区分、差异。或者说,"是按照'平等接受'的模式思考(平等地对待"正""反"两面:不是用非"正"即"反"的模式去处理,而是既"正"又"反")。……在'正'中体会'反',或者在'反'中体会'正'"[2],唯有如此,才"可以自由地顺应是非,利用是非,但又不受是非的局限……达到了'无遣无不遣'的程度:我不固执于任何一边,我可以到任何一边去,两边对我都是平等地开放的。……通过立场的消失,是非本身也'自去'了"[3]。毋宁说,以"怀之"的方式对待是非之争,表现出的是观念领域在既分之后的

---

[1] 陈鼓应:《庄子今注今译》(上),第 76 页。
[2] 弗朗索瓦·于连:《圣人无意:或哲学的他者》,第 91 页。
[3] 同上书,第 129 页。

齐而通之。[1]

可以看到，是非之辩背后隐藏的是人我之争在观念领域的体现。是非之所以能齐及是非之齐的方式，彰示的是人我之齐的本体论依据及方式。因而，以一而无分的本然形态作为"齐"之本体论依据，人我之间亦在生与死上齐而通之。"人之生，气之聚也，聚则为生，散则为死，若死生为徒，吾又何患？"（《庄子·知北游》）庄子用"气"之聚、散去解释人之生、死，既显示出生、死二者的不同：气之"聚"为生、气之"散"为死，"聚"、"散"作为气的不同形态，生与死亦相应地展示出不同的性质（生意味着生命的存在，而死则意味着生命的消逝）；同时又以气之"一"赋予人之生、死相通的性质。

以此为本体论基础，庄子认为人之生源于自然，人之死又复归于自然。他以寓言的形式表述了这一观念："舜问乎丞曰：'道可得而有乎？'曰：'汝身非汝有也，汝何得有夫道？'舜曰：'吾身非吾有也，孰有之哉？'曰：'是天地之委形也。生非汝有，是天地之委和也；性命非汝有，是天地之委顺也。'"（《庄子·知北游》）作为世界本然之在分化的产物，人之身、人之生都非从属于人自身，而本于自然。"身"、"生"、"性命"均"是天地之委"，而非人之所有，庄子的这种观念将人之生置于存在的统一性这一视域当中。与人之生本于自然相应，人之死则表现为向自然的复归。这在《庄子·大宗师》的一则寓言中明确地体现出来："子祀、子舆、子犁、子来四人相与语曰：'孰能以无为首，以生为脊，以死为尻，孰知死生存亡之一体者，吾与之友矣。'四人相视而笑，莫逆于心，遂相与为友。……俄而子来有病，喘喘然将死，其妻子环而泣之。子犁往问之，曰：'叱！避！无怛化！'倚其户与之语曰：'伟哉造化！又将奚以汝为，将奚以汝适？以汝为鼠肝乎？

---

[1] 正如郭象的注："任天下之是非"（郭象：《庄子注·齐物论》），成玄英的疏："不离是非而得无是非"（成玄英：《庄子疏·齐物论》），均确认了在观念领域分化为是是非非的形态之后，人虽身在是非之中，但却不应以非此即彼的分、别之态度对待之，而应以统一的视域、兼怀的方式待之，使是非分别的形态呈现出通之维。

以汝为虫臂乎？'"（《庄子·大宗师》）人之死，即生命终结之后可"为鼠肝"、"为虫臂"，庄子显然是借子犁之口以非常具体形象的方式表明人作为万物之一，人之死既意味着生命存在的消逝，又意味着人之身体作为质料可化为其他自然之物的构成。就此而言，可以说人之死同时意味着异于人之他物的产生。在此，人与"鼠"、"虫"一样，作为世界的原初之在分化而产生的自然之物，其生源于自然，其死又复归于自然，人之死亦如世界之在中他物之死，表现为具体世界存在之链中的一个环节。因而，人之死作为自然循环过程中与人之生相继而来的环节，二者之间相通、相齐。

在此基础上，人需"齐生死"。对庄子来说，"齐生死"既涉及自我对待自身之生、之死的态度，又包含着自身对他人之生、死的看法。就人自身之生、死而言，庄子强调"死生无变于己"（《庄子·齐物论》），即表明人应该以通之视域看待自身之生、死。也就是说，对于自我的生、死应一而待之（所谓"无变于己"），而不应重生恶死。而就他人之生、死而言，自我亦需持通而视之的态度。从自我的角度来说，他人与我之间的关系有近有远，如前文所引述的"蹍市人之足，则辞以放骜，兄则以妪，大亲则已矣"（《庄子·庚桑楚》）。从"市人"到"兄"到"大亲"，即确认了他人与自我之间由远及近的关系。但是，在庄子眼中，无论是关系较为疏远的人还是至亲，自我对待其生、死的态度应如一。相对于至亲，友人对于自我来说无疑是关系较为疏远者。对于友人之死，自我不应以悲哀之心处之，这在老聃之死的寓言中得到了体现："老聃死，秦失吊之，三号而出。弟子曰：'非夫子之友邪？'曰：'然。''然则吊焉若此，可乎？'曰：'然。始也，吾以为其人也，而今非也。向吾入而吊焉，有老者哭之如哭其子，少者哭之如哭其母。彼其所以会之，必有不蕲言而言，不蕲哭而哭者，是遁天倍情，忘其所受，古者谓之遁天之刑。适来，夫子时也；适去，夫子顺也。安时而处顺，哀乐不能入也，古者谓是帝之县解。'"（《庄子·养生主》）在这则寓言中，秦失作为老聃之友，在老聃死后前去吊唁，秦失对老聃之死的态度被其弟子质疑"非夫子之友"。而庄子显然对秦失的态度予以肯定，并借秦失之口对"老者哭之如哭其子，少者哭之如哭其母"的悲痛表示否定，并认为以悲痛的心情对待友人之死是"遁天倍情"。对庄子而言，对待友人之死，既不必悲，亦无需哀。

而对于至亲之死的态度，则在庄子妻死的寓言中形象地描述出来。庄子在其妻死后没有像当时的世人失去亲人时那样悲哀地痛哭[1]，反而"鼓盆而歌"，鲜明地体现了庄子对待死的态度："庄子妻死，惠子吊之，庄子则方箕踞鼓盆而歌。惠子曰：'与人居，长子、老、身死，不哭，亦足矣，又鼓盆而歌，不亦甚乎！'庄子曰：'不然。是其始死也，我独何能无概然！察其始而本无生，非徒无生也，而本无形，非徒无形也，而本无气。杂乎芒芴之间，变而有气，气变而有形，形变而有生，今又变而之死，是相与为春秋冬夏四时行也。人且偃然寝于巨室，而我嗷嗷然随而哭之，自以为不通乎命，故止也。'"（《庄子·至乐》）在这里，庄子以寓言的形式，表明了自我对待至亲之死的态度，不但不必哀伤，而且可以以"歌"的方式待之。可以清楚地看到，不管是对于自我而言关系较为疏远的友人，还是关系至亲至近的妻子，对待他们之死的态度均应一致，即不必以悲痛、哀伤之心处之，而应齐其生死。这亦在前文所引述的内容中体现出来："子祀、子舆、子犁、子来四人……相与为友。……俄而子来有病，喘喘然将死，其妻子环而泣之。子犁往问之，曰：'叱！避！无怛化！'倚其户与之语曰：'伟哉造化！又将奚以汝为，将奚以汝适？以汝为鼠肝乎？以汝为虫臂乎？'"（《庄子·大宗师》）在此，子犁作为子来之友，对其将死并未以哀伤之心处之，而是将子来之死视为自然循环过程中的一个环节。与之相反，作为子来之至亲的妻、子则"环而泣之"，庄子借子

---

[1] 这既可从《庄子·养生主》中"老聃之死"的寓言中看出端倪：在老聃死后，以秦失之口表述出"老者哭之如哭其子，少者哭之如哭其母"，即暗含着世人对他人之死常以悲痛处之；又可从庄子在其妻死后，"鼓盆而歌"，惠施对庄子的不满、不解与责难中，窥见一斑。

犁之口（"叱！避！无怛化！"）表明对子来之妻、子执著于生，不能齐生死的否定态度。因而，从人我关系的角度来看，自我对于自身之生死，抑或自我对于他人之生死，均应齐之、通之，这无疑更具体地展示了庄子对于人之生、死的看法。庄子以"不知说生，不知恶死"（《庄子·大宗师》）为其理想人格"真人"的特点之一，亦强调了这一点。

　　庄子之齐生死、等观生死，则是基于前述的人之生、死均"一"于气，并作为自然循环过程中前后相继的环节，如同四季的交替一般，完全是一个自然的过程。就人之生、人之死同作为自然现象来看，二者确实可以等观。同时，在前述老聃之死的寓言中，庄子把老聃之生、死与"适"相联系，"适来，夫子时也；适去，夫子顺也。"（《庄子·养生主》）"适来"意为正该来时，"适去"意为正该去时，"适"可以理解为"适然"，在某种程度上相当于偶然。对庄子来说，"生之来不能却，其去不能止"（《庄子·达生》）。一方面，就人而言，其"来"之不能"却"，表明人生命的获得具有偶然性；而"去"之"不能止"则显示人之死既具有必然性又具有偶然性：庄子以人之死"不能止"表明人作为万物之一，其生命存在过程必然由生至死，虽然如前文所论述的，人之死在一定意义上意味着他物之生，但就个体而言，却必然要经历由生至死的转换。正如庄子所认为的，人之生死如四季交替："是相与为春秋冬夏四时行也"（《庄子·至乐》）、昼夜的更替："死生终始将为昼夜"（《庄子·田子方》），而四季、昼夜不可能停滞在一种形态而不相更替，人之生与死的交替亦如是。同时，就人之死的具体时间、方式而言，庄子亦承认了生命结束的方式有别、生命结束的时间无法确定[1]，从而使人之死具有偶然性。以另一种角度来看，无论是人之生，还是人之死，二者都不是人自身所能左右的。庄子把人之生理解为

---

[1]　如前文所引述的，"子来有病，喘喘然将死，其妻子环而泣之"（《庄子·大宗师》），即表明子来之死为因病而死；而在"子桑户、孟子反、子琴张三人……遂相与为友。莫然有间而子桑户死，未葬"（《庄子·大宗师》）的寓言中，子桑户之死的突发性（"莫然有间"）亦确认了人之死的偶然性。

"适来"，把人之死理解为"适去"，从而使人之生、人之死都具有偶然性。就"适"的层面来看，生与死确实呈现出相通性，并表现为对生死之"齐"。

因而，在非至德之世中，人我之间不仅展开为政治领域中的"以道观之"，以实现社会之序；也体现于日常交往中的视人若我、观念领域中的齐是非、生与死上的齐而通之，从而在更内在的层面实现人我之通。然而，在分化的现实世界中，物我之际与人我之间既并存又相互关涉：人我之间的展开奠基于物我关系，人我之通亦在一定程度上折射出物我之通。而以通之视域看待物我、人我，既能扬弃物我、人我之间的紧张关系，又能使已分化的现实世界再现其统一之维。

第三章　独

就存在之通而言，分化的现实世界表现为既分之后的"通"，这既以"通"为前提和指向，又确认了分化的世界中个体的存在。以现实之在为背景，庄子之"独"所蕴含的个体性原理既确认个体之独特性，又彰显出个体精神的独立。与之相应，"独"之展开既在本体论上以"德"作为个体存在的具体性规定，又在价值观的层面以"遗物离人而立于独也"（《庄子·田子方》）之人为理想人格形态，而"自我"则一直贯穿于整个"遗物离人"的过程中，同时又涉及达道的方式——直觉与体悟所内蕴的个体性。

第一节　物得以生谓之德

个体之间有着"彼"与"是"的区分，所谓"彼是莫得其偶，谓之道枢"（《庄子·齐物论》）。即以否定的方式确认了分化的现实世界中"彼"、"是"的分别，而这种分别作为一种普遍的界限，囊括物与人在内的一切个体，并以德作为个体之为个体的存在根据。

一、物之独：个性与殊性的统一

从自然的层面来看，在庄子那里，与道相对，物涵盖已分化的现实之在中的一切存在形态(如天、地、万物等)。[1]如"行于万物者,道也"(《庄子·天地》);"夫道,于大不终,于小不遗,故万物备"(《庄子·天道》);"夫天下也者,万物之所一也"(《庄子·田子方》),这些论述中的"物"即指"万物"。如前所述,道以统一性、普遍性为内在品格,因而,"'道'有无限的涵盖一切的包容性,也是万物生成演化的依据和法则。而与'道'相对的'物'是具体和个别的"[2],以"万"来形容物即蕴含着物之多样性、独特性。在庄子那里,具体世界中万物以其多样性、特殊性体现出来的物与物之间的分际、界限首先与"德"相联系:"夫道未始有封,言未始有常,为是而有畛也。请言其畛:有左有右,有伦有义,有分有辩,有竞有争,此之谓八德。"(《庄子·齐物论》)在此,"道"之"未始有封"与"德"之"有畛"相对而言,"道"以统一而未分化为自身的特点,而"德"则确证着自身与界限的联系,并表现为多样的品格。从本体论上来看,天下万物之间的界限以"德"为依据,同时,"德"亦是物之存在形态多样性及其独特性的根据。

在世界之在由其初始形态分化为现实之在的过程中,可以清楚地看到庄子对"德"的界定:"泰初有无无,有无名,一之所起,有一而未形,物得以生谓之德。"(《庄子·天地》)"泰初"作为世界的原初形态,超越了具体的"有""无"之分,而表现为"一而未形"的原始浑沌。显然,在这一浑然未分的原初之在中,不可能有多样化的物的存在。随着原初之在的分化,继之而出的是现实世界。在已分化的现实世界中,万物呈现出不同的形态,而多样化的物之形成("物得以生")以获得具体的规定("德")为前提。就此而言,万物的产生基于由原初之在到现实世界的演化过程,而从本体论的层面上说,"德"作为多

---

[1] 需要提及的是,与道相对的万物包含人在内:"号物之数谓之万,人处一焉。"(《庄子·秋水》)即强调了人是万物之一。从自然的角度来看,人与万物中的其他存在形态均为物。这一部分论述是从自然的维度出发,来看待包括人在内的天下万物,其间并不涉及人对物的作用及人与人的关系,后者将会在下文中详细论述。

[2] 涂光社:《庄子范畴心解》,中国社会科学出版社 2003 年版,第 252 页。

样化的物存在的根据，亦展示出其与统一之"道"的关联："德"来源于"道"，是统一而未分化的"道"在多样性的物之中的体现。因而，物之形成意味着物得"道"以生，在此，"未始有封"的"道"作为物之生的本源性规定，展示着其与具体事物的关联：在由"道"到"德"的过程中"物得以生"，"德"作为具体事物的存在根据沟通着从形而上之道到形而下之物的过渡，并使万物的存在由可能变为现实。因而，庄子认为"故形非道不生，生非德不明，存形穷生，立德明道"(《庄子·天地》)，也就是说，现实之在中的万物以"道"为其终极本原，又由"德"而获得具体性、现实性的规定，从而使得万物之间彼此区分，亦使物在彰显其特点的同时呈现出多样的存在形态。

而庄子的上述思想显然是对《老子》相关思想的继承。在《老子》那里，物之生以前，未分化的世界是"混而为一"的："视之不见，名曰夷；听之不闻，名曰希；搏之不得，名曰微。此三者不可致诘，故混而为一。"(《老子·第十四章》)"混而为一"意味着世界之在以未分化为特征，表现为浑然一体。而相对于世界的这一存在形态，物之产生则是"道生之，德畜之，物形之，势成之。是以万物莫不尊道而贵德"(《老子·第五十一章》)。也就是说，物之生，以道为其本原性的根据，而德则是得之于道的具体规定，因而，德成为由道到物的过渡。就此而言，物之生、成，都以道为根据，并表现为德的展开。这一思想同样体现于《老子》的如下论述中："昔之得一者：天得一以清；地得一以宁；神得一以灵；谷得一以盈，万物得一以生；侯王得一以为天下正。"(《老子·第三十九章》)天、地、万物等现实世界的一切存在形态均"得一"而存在，"一"即"道"，"万物得一以生"即万物以得于道之德为其存在的根据。

对庄子来说，"物得以生"意味着原始的、统一的存在形态分化而为现实世界中具有界限的不同之物，它不仅在"德"作为物之存在形态多样性的根据上展示着物之独，而且在"德"作为物之独特性的根据上，从更内在的层面规定着某物之为某物的特殊性。庄子认为"通

81

于天地者，德也"(《庄子·天地》)。如前所述，在分化的现实世界中，道之"无所不在"表明道普遍地存在于一切存在形态之中，与之相应，德作为道在具体事物中的体现，亦"通于天地"，并构成天地间一切存在物的内在规定，使得每一物均成为其自身而非他物。在此基础上，庄子提出应"以德为本"(《庄子·天下》)，确认德作为每一事物的内在规定所蕴含的对独特性的强调。同时，作为物之内在规定的德具有着稳定性，其不随物之变化而变化。如前文所引述的，"物之生也，若骤若驰。无动而不变，无时而不移。何为乎？何不为乎？夫固将自化"(《庄子·秋水》)。具体世界中的物总是处于发生、发展、消逝的变化过程之中，庄子以"无动而不变，无时而不移"强调现实世界中物的变动性。同时，在庄子那里，物的变化表现为"自化"，即是出于自身的自然运动，而非由外在于物的他者推动。与物一直处于变化过程之中相对，物之德作为物之为物的本质性规定，无疑具有稳定性，并使得物能够成为自身、维持自身，以至于能够区别于他物。换言之，物之变虽具有普遍性，但就一物之变而言，更多地表现为该物在不同阶段所表现出来的不同形态，由此呈现出外在性；而物之德则构成了物的本质，具有内在性。因而，就一物而言，物之德不会随物之变化而发生变化，所谓"不迁其德"(《庄子·在宥》)即表示天下万物在维持、保有自身之德的基础上发展变化，从而守护自身之德所体现的"独有"品格。

德作为物独特的规定，其深层形态在更内在的层面展示着物之独："万物殊理，道不私，故无名。"(《庄子·则阳》)如前所述，德使天下万物的存在由潜在变为现实，因而包含着广义的质料，而"理"则只涉及形式的规定，从而能够在更本质的意义上，把一物与另一物区别开来。在这一意义上可以说，"理"作为德的深层形态，凸显的是德的形式方面的规定，由此物之独特性得到了进一步的展示，所谓"万物殊理"即确认了这一点。

万物各有自身之德、各有自身之理，由之衍生出"器"、"技"、

"性"之殊："梁丽可以冲城而不可以窒穴，言殊器也；骐骥骅骝，一日而驰千里，捕鼠不如狸狌，言殊技也；鸱鸺夜撮蚤，察毫末，昼出瞋目而不见丘山，言殊性也。"(《庄子·秋水》)"殊"呈现的是特殊性，它正是在一物与他物的对比当中所表现出的差异性。在此，庄子从不同的方面使德之殊、理之殊得以展开，并获得其具体形态。如栋梁可以用来冲城，但却无法用来塞小洞，这是说不同的物，其功用不同；骐骥骅骝等骏马一日而行千里，但是捕鼠的能力还不如猫和黄鼠狼，这是说不同的物，其技能不同；猫头鹰在夜里能明察秋毫，但大白天却看不见丘山，这是说不同的物，其性能不同。无论是"器"之"殊"，还是"技"、"性"之"殊"，不同之物都有其不同的特点。同时，"殊"亦体现在"时"上，"四时殊气，天不赐，故岁成"(《庄子·则阳》)，四时蕴含着季节的分疏，而季节之分的前提即每一季节均有其自身的特点，从而与其他季节殊而不同，并使岁月的演化与划分得以可能。

可以看到，以"德"为基础，庄子把物之"殊"提到了较为突出的地位：物皆有其德、皆有其理使得物皆有其"个性"，而在与他物的比较当中所体现出来的差异性即是其"殊性"。因而，在一定意义上可以说，物不仅由德以生，因德而独，而且因其独而殊，于殊彰显独。

二、人之独：形与神的统一

在社会领域中，就人的存在而言，个体指的是个人，而作为存在的具体性规定的"德"，其展开便表现为人之独。

从本体论上来看，作为万物之一，人之生亦如物之生一样，基于由原初之在到现实世界的演化过程，以道为本原，并由"德"而获得个体性的规定，从而使人具有现实性："泰初有无无，有无名。一之所起，有一而未形，物得以生谓之德。未形者有分，且然无间，谓之命。留动而生物，物成生理谓之形，形体保神，各有仪则谓之性。性修反德，德至同于初。"(《庄子·天地》)世界的原初之在分化而为现实之在，个体得以产生。对于人之在来说，作为个体的人既有其形，亦有

83

其神：形为德之承载和表征，具有外在性；神则从更内在的层面彰显出德之殊。二者都有其存在的根据，同时又有着各自的存在方式，形与神的统一表现为"性"，而"性"从更本质的意义上将人与他物、人与他人区分开来，在某种程度上可以把它看作是"德"所代表的个体性规定在人之中的体现。

对于人与他物的区别，荀子曾作过如下论述："水火有气而无生，草木有生而无知，禽兽有知而无义；人有气、有生、有知亦且有义，故最为天下贵也。"（《荀子·王制》）在此，荀子既论及了人区别于他物的特征，又以"最为天下贵"赋予人的这种独特性以至上的价值判断，他"站在万物同一性和差异性的高度和万物演化进程的视野，认为人在万物中处于最有价值的位置"[1]。换言之，"自然界的一切，从无机物、植物、动物到人类，都是由气构成的；而在这多种的物质形态中，只有一种特殊的物质形态即人类，才既有生命和知觉，又有道德意识。在荀子看来，知觉依存于某种有生命的物质（禽兽），而道德、情感和'辨物'的智慧则依存于人的形体"[2]。

与之类似，西方思想家帕斯卡尔认为"能思想"使人有别于自然界中的他物："人只不过是一根苇草，是自然界最脆弱的东西；但他是一根能思想的苇草。用不着整个宇宙都拿起武器来才能毁灭他；一口气，一滴水就是足以致他死命了。然而纵使宇宙毁灭了他，人却仍然要比致他于死命的东西更高贵得多；因为他知道自己要死亡，以及宇宙对他所具有的优势，而宇宙对此是一无所知。因而，我们全部的尊严就在于思想。"[3]在此，帕斯卡尔认为在茫茫宇宙之中，人作为万物之一，与自然界中的他物一样，是渺小而脆弱的。但是，能够"思想"这一独特性既使人有别于他物，又凸显了人在宇宙中的存在价值。

而庄子显然亦重视人与他物的区别，其以"物物者非物"（《庄

---

[1] 朱义禄：《儒家理想人格与中国文化》，复旦大学出版社 2006 年版，第 129 页。

[2] 丁祯彦主编：《中国哲学史教程》，华东师范大学出版社 2000 年版，第 104 页。

[3] ［法］帕斯卡尔：《思想录》，何兆武译，商务印书馆 1985 年版，第 157—158 页。

子·在宥》)表达出人（"物物者"）能够"物物"而不同于物，对他来说，人之所以能够"物物"，就在于人具有内在之"神"。基于此，他认为应该"明乎物物者非物"（《庄子·在宥》），即在认识、把握人不同于物的前提下，尊重人的内在价值，防止人被物所支配、制约。

从现实的形态上看，作为个体的人以"形"为依托。在庄子那里，人之"形"常被表述为"身"，"身"既是感性的躯体，又是个人或自我的表征、符号。以"身"为个人的外在形态，庄子对感性之"身"给予了关注，并将"身"置于天下之上，在《庄子·让王》篇中，记叙了这样一则寓言："子华子曰：'今使天下书铭于君之前，书之言曰：左手攫之则右手废，右手攫之则左手废，然而攫之者必有天下，君能攫之乎？'昭僖侯曰：'寡人不攫也。'子华子曰：'甚善。自是观之，两臂重于天下也，身亦重于两臂。'"（《庄子·让王》）"两臂"即人之肢体。在对人之"身"、"两臂"、天下的比较中，相对于天下，"两臂"较为重要；相对于"两臂"，人之身较为重要。在此，对作为个体的人来说，天下虽大，却显得微不足道；与之相对，"身"对人有着更重要的意义。由"身"重于天下出发，在"治身"与"治天下"的比较中，庄子赋予前者更高的价值："道之真，以治身，其绪余以为国家，其土苴以治天下。由此观之，帝王之功，圣人之余事也，非所以完身养生也。"（《庄子·让王》）在此，"治身"作为"道之真"在人的存在领域中的体现，意味着把人之"身"视为目的；而与之相对，治国、治天下则居于从属的地位。在"治身"与"治天下"的比较中，"身"之重于"天下"既突出了人之"身"的优先性，又提升了个体的地位。这一思路同样体现于不以天下"易生"的主张中："故天下，大器也，而不以易生；此有道者之所以异乎俗者也。"（《庄子·让王》）"身"作为个体生命存在的表征，对"身"的关注意味着对生命价值的肯定。因而，对庄子而言，个体之"生"比天下大器更为重要。

但是，尽管庄子认为，人之"身"重于天下，可就人之在世过程来看，"身"作为生命存在的表征，往往并不被重视，这在从"小人"到"圣人"无一不以身殉物[1]中清晰地体现出来:"小人则以身殉利,士则以身殉名,大夫则以身殉家,圣人则以身殉天下。"(《庄子·骈拇》)在当时的社会之中,普遍存在的社会现象即为了身外之物而牺牲个体的生命,而利、名、家、天下作为外在于自身的对象,以个体之"身"去"殉"之,意味着将"身"的价值置于其下。庄子显然对此持批评的态度:"今世俗之君子,多危身弃生以殉物,岂不悲哉!"(《庄子·让王》)自危其身甚至放弃生命去"殉物",在庄子看来,是非常可悲的。在此,庄子以否定的方式展现了对个体之"身"的关注、对人生命存在的确认。

以此为前提,"身"作为个体独立的外在表征,其优先性的突出,所导向的则是完身、养生。对庄子而言,所谓的"治身"、"完身"、"养生",就人之形而言,是指强身健体,但又不限于此,而指向个人多方面的完善。在庄子那里,人的生命存在固然以外在之"身"为依托和承载,感性之"身"作为"形"确实表征着个体之独,但是生命本身的意义并不局限于外在之形。由此,庄子对单纯注重"形"者持批评的态度:"吹呴呼吸,吐故纳新,熊经鸟申,为寿而已矣,此道引之士,养形之人,彭祖寿考者之所好也。"(《庄子·刻意》)所谓的"道引之士,养形之人",他们仅仅关注形表、有意而为,未能与"天地之道"相通。然而,这种仅仅注重外在之形的方式,不可能真正实现"治身""存生"的目的。所以,庄子对世俗之人的做法颇为感慨:"悲夫! 世之人以为养形足以存生。"(《庄子·达生》)"养形"不足以"存生"所表明的首先在于"形"与"生"的分疏。就人而言,"身"作为外在之"形"确实表征着人的生命存在,亦从外在形态上彰显着个体之独立于物、独立

---

[1] 在此,物有两层含义:其一,指包含自然在内的不同于人的他物,"与物穷者,物入焉;与物且者,其身之不能容,焉能容人?"(《庄子·庚桑楚》)中的"物"就是这种意义。同时,在"物物者与物无际"(《庄子·知北游》)中,第二个、三个"物"字也是此意。就这一含义来说,与人相对的他物,与人的关系衍化为物我关系,亦即对象与主体的关系。其二,物指向世俗层面的功、名、利、禄,这一意义上的物,庄子又把它称之为"外物",即"身外之事"或"世间之事"(张默生:《庄子新释》,新世界出版社 2007 年版,第 395 页)。就此而言,这一意义上的物涉及广义的人我之间的关系,并展开于其间。

于人而存在于世。但"形"与"生"却并不相等同,在庄子眼中,"形"只为"生"之依托、承载,是"生"之外在体现,而"生"并不局限于外在之形,它同时又有着内在之"神"。因此,唯其不执著于"形",才能存生,并使生之意义体现出来。

一般而论,由于"死"意味着生命的终结,所以,只有与"死"相联系,"生"的意义才得以突出。在庄子那里,人之"死"不仅意味着外在之"形"的消逝,它同时在更内在的层面指向精神领域。庄子将"形"与"心"对举,并以"心"随"形化"为最可悲的现象:"其形化,其心与之然,可不谓大哀乎!"(《庄子·齐物论》)对"心"随"形化"的否定,表明"心"可以独立于"形"而存在,由此,精神生命的独立性得以彰显。在相近的思路上,庄子指出:"哀莫大于心死,而人死亦次之。"(《庄子·田子方》)在此,"人死"主要指向的是人之"身"所表征的形体生命的终结,与之相对的"心死"则主要表现为精神生命的结束。在"人死"与"心死"的对照中,相较于形体生命,庄子显然赋予精神生命以更重要的地位。

就"形"与"神"的关系而言,一方面,外在之"形"作为个体存在的表征,不仅是个体生命存在的承载,而且也是"神"的依托。换言之,内在之"神"只有通过外在之"形"才能得以展示。另一方面,内在之"神"从本质上规定着外在之"形"的呈现内容,既使人成为人能够从万物中脱离,又使人具有独特的品格区别于他人。二者的关系决定着庄子对于"形"与"神"的不同定位,在《庄子·德充符》篇中,庄子塑造了一批形体上丑陋残缺者的形象,如兀者王骀、申徒嘉、叔山无趾;容貌丑陋者哀骀它、闉跂支离无脤、瓮盎大瘿等,用来表明相较于"德"[1]而言,"形"处于从属的地位。庄子之以上述这些外在

---

[1] 就人而言,神从内在的层面彰显着德。而德作为个体的内在规定,显然与"神"有着相通之处。王博曾说:"德总是和心相关的东西,我们即便单纯从字形出发就能看出这一点。"(王博:《庄子哲学》,北京大学出版社 2004 年版,第 60 页)而人之"神"则亦与"心"相关,前文所论及的"心"随"形化"、"心死"即为例证。

之"形"上有残缺的人来论述内在之"德",原因在于"形体的残缺更能凸显出德的完全和充实以及它的意义"[1]。对庄子来说,人之"形"是"天与之":"道与之貌,天与之形,恶得不谓之人?"(《庄子·德充符》)人的相貌由道赋予,人的形体由天给予,即使如哀骀它、闉跂支离无脤、瓮㿻大瘿那般丑陋,也是"道"、"天"赋予的。因而,就"形"的先天性来说,人对于自身之"形"是无法选择的。同时,庄子认为如兀者般形体残缺之人,同样是"天"造就的,右师虽然是因为受刖足之刑而导致其形体上的残缺,但公文轩对此却自悟出"天也,非人也。天之生是使独也,人之貌有与也。以是知其天也,非人也"(《庄子·养生主》)。即把后天所致的形体相貌上的残缺亦视为"天"所赋予的,而非人为所致。关于此,张默生曾说:"在庄子的代言人公文轩看来,为恶近刑,也是自然之理。所以右师的独足,当看作天刑,不当看作人为。倘若明白道理的人,不幸受到刑辱,犹能不怨天,不尤人。"[2]也就是说,后天的"为恶"所致的自身形体上的伤害、破坏,应当看作是"天"的惩罚("天刑"),即天命为之。而就人的行为来看,庄子以"为善无近名,为恶无近刑,缘督以为经"(《庄子·养生主》)来表明人为的因素可导致"近刑"而危害其身,又彰显出个体可以在"近刑"与不"近刑"之间自主选择。然而,对于庄子来说,人之"形"不管是出于先天还是由后天所致,都不重要。与之相应,重要的是人内在精神("神")的挺立与完善,它构成了人之"殊性"的本质规定。在庄子看来,像哀骀它、闉跂支离无脤、申徒嘉、叔山无趾这些外在之"形"上丑陋残缺的人,却是"全德"之人,究其原因在于他们能够超越外在之"形"的束缚,去追求内在之"德"的完善与充实。因而,对人而言,外在之"形"不全并不影响其"德全",具有"全德"之人反而能够忘却自身的形体,追求内在之"神"的圆满。或者说,庄子笔下这些"全德"之人能够超越自身物性生存的需要,抛弃自身过度的、卑下

---

[1] 王博:《庄子哲学》,北京大学出版社2004年版,第60页。
[2] 张默生:《庄子新释》,第92页。

的欲求，摆脱外在的功、名、利、禄的束缚，从而达到不为外在之"形"所囿的境界。

在同一思路下，庄子认为"有人之形，故群于人；无人之情，故是非不得于身"（《庄子·德充符》）。与"身"相联系的"形"，表征着人外在的存在形态。如前所述，如万物中其他物一样，人的产生亦秉承"德"而来，"有人之形"不仅意味着作为个体的人的产生，亦意味着归属于作为类的人之中，与他人共在。然而，在人没有获得意识之前，人与他物一样，作为物而存在于世；在人产生自我意识、具有内在之"神"之后，才会在本质上与自然界中的他物区别开来。因而，从类的层面来说，内在之"神"使得人能够独立于自然中的他物；从作为个体的人的层面来看，要守护人之独，则需摒弃与世俗的意识、观念相联系的"情"（"无人之情"），不要在内在精神世界上沉溺于物、沉沦于世俗的是是非非，从而保持自身精神世界的独立。莫里斯曾说："尽管在某些方面和别人相似，我们每个人还是独特的。"[1]在胡塞尔看来，就人而言，每一个人都有一个身体，身体既是肉体性的存在（"躯体"），从而表征着自我，但又不限于此，或者说，它"不仅仅只是一个事物，而且是对精神的表达，它同时又是精神的器官"[2]。与此相关，胡塞尔亦从对"他人"经验的角度作了如下阐释："在可变化的而又和谐的形形色色的经验中，我把诸他者经验为现实地存在着的，另一方面又把他们经验为世界的对象——不是单纯做为属于自然的物理东西，尽管如此的物理东西是他们的一个方面。事实上，我也把他们看成是可以在心理上支配他们各自的自然有机体（natural organisms）的。这样特别地涉及有生命的机体——做为心理物理的（psychophysical）对象——是在世界中的。另一方面，我又把他们经验为这个世界的主体；他们同样在经验着我所经验的这同一个世界，

---

[1] C.W. 莫里斯：《开放的自我》，定扬译，上海人民出版社 1987 年版，第 80 页。
[2] 转引自倪梁康：《现象学及其效应——胡塞尔与当代德国哲学》，生活·读书·新知三联书店 1994 年版，第 148 页。

而且同时还经验着我, 如同我经验这个世界中的其他人一样。"[1] 与之相似, 在庄子那里, 人之"形"仅仅只是意味着人在外在形态上异于他物, 与他人相似而归于人这一类; 而人之"神"则从本质上彰显出人之独: 既使得人之为人并独立于物, 又使个人在内在精神上守护自身之独而异于他人。

相反, 若只执著于外在之"形", 则会得到否定性的后果, 这从东施效颦的寓言中可以看出: "西施病心而颦其里, 其里之丑人见而美之, 归亦捧心而颦其里。其里之富人见之, 坚闭门而不出; 贫人见之, 挈妻子而去之走。彼知颦美, 而不知颦之所以美。"(《庄子·天运》) "其里之丑人"见西施"颦其里", 以之为美, 回去之后便从外在之"形"上刻意地去模仿, "亦捧心而颦其里"即说明了这一点, 其结果却是弄巧成拙。所谓"所以美", 即决定某一个体之为美的本质规定, 而外在的模仿只能是简单划一的仿效, 往往无视个体的独特性及个体与个体之间的内在差异, 从而使行为的意图与结果之间南辕北辙。与之相似, 古希腊的柏拉图也认为人由于其内在资质不同, 每个人都只能做与其资质相应之事, 而不是去模仿他人, "我们的卫士应当放弃其他的一切手艺, 专门从事保卫城邦自由的工作, 不做任何与此无关的事, 那他就不应当从事或摹拟任何别的事情"[2]。"里之丑人"与"西施"之间, 固然有外在之"形"上的区别, 但显然更为重要的区别是内在于二者之中的独特个性品格之间的差异: 每一个人都有着决定自身之为自身的、独特的内在规定, 即内在之"德", 它由外在之"形"呈现出来, 形成个人独特的个性特点, 从而使人、我之间能够在内在本质上相互区分。

与之相关, 不同个人独特的个性品格呈现于外, 不仅体现于如上所述的西施与"其里之丑人"之别, 亦在实践领域表现为其所具有的

---

[1] 胡塞尔:《笛卡儿的沉思: 现象学导论》, 张宪译, 台北桂冠图书公司 1992 年版, 第 115 页。

[2] 柏拉图:《柏拉图对话集》, 王太庆译, 商务印书馆 2004 年版, 第 447—448 页。

能力等方面的特点与差异。"必分其能，必由其名，以此事上，以此畜下，以此治物，以此修身，知谋不用，必归其天，此之谓太平，治之至也。"(《庄子·天道》)在此，庄子之以"分其能"的前提即是不同的人之间在能力等方面存在着差异，由此出发，从"事上"到"畜下"，从"治物"到"修身"，与人之在世有关的各个方面中均存在着"分"而"治"之的原则，"必分其能"之"必"即展示出"分"的必要性。同时，就人而言的"必分其能"与就物而言的"万物殊理"相联系，后者亦决定了人对不同事物的作用过程应采取不同的行为方式，相应地，对不同的人亦应尊重其独特的个性规定而采取不同的方式。所谓的"必归其天"又将尊重人、事物的独特个性品格与"天"即自然相联系，使得以"分"为原则的活动具有合乎自然的特点。与此相似的论述还有："五官殊职，君不私，故国治。"(《庄子·则阳》)这里的"五官殊职"即确认了不同职位之分、不同个人的能力之分。社会领域之中管理职位的不同设置对应的是其职能的不同，而不同个体所具有的独特的个性品格及能力差异则是其本体论前提。而在治国的过程中，只有深刻认识到个体的独特性，并依据不同的能力差异给予相应的职位，使之最大程度地发挥不同的作用，才能使社会呈现出有序性。

因而，就外在特征来看，个体在"形"的方面具有自身的特点，体现着自身的独特之处，并与其他个体相互区分，但"形"所表征的形体相貌上的差异只能在外在形式上体现着个体之独。就人之"形"作为个体生命存在的承载，作为"神"的依托，而且在外在形式上表征着人之独而言，庄子对人之"形"予以了关注。但是，与"形"相比，对庄子来说，人之"神"无疑具有着更为重要的地位，它作为生命存在的精神之维，在内在精神上展示着个体之独。然而，作为个体的人是"形"与"神"的统一：外在之"形"展示着内在之"神"，内在之"神"从本质上规定着外在之"形"的呈现，二者分别从外在与内在的层面展示着作为个体性原理的"德"，并使之得以具体化。而"形"与"神"的统一即"性"则构成了人独特的个性品格，亦使得不同的个人均具有自

91

身独特的存在意义与价值，并且不可被他人所替代。由此，人之独得以凸显。

第二节　独与天地精神往来

庄子通过对人之"形"与"神"的双重肯定，既在本体论上使作为存在的具体性规定的"德"得以展开，确认着个体之"我"的存在："形"所表征的外在形式之独，"神"所展现的内在精神的独立；又在价值观上以"遗物离人而立于独也"(《庄子·田子方》)之人为理想人格形态，而"自我"则一直贯穿于其整个"遗物离人"的过程中。因而，就个体之"我"向道的过程而言，"自我"作为理想人格形态的承担者呈现出其"独"的特征。同时，个体之"我"又以直觉与体悟的方式去达道，从而使得向道的方式所蕴含的个体性原理得以展开。

一、遗物离人而立于独

如前文所述，庄子认为"形"与"神"的统一构成了作为个体的人，以此为前提，既具有不同于他物或他人的独特品格，又在内在精神上保持自身的独立，这样的人被庄子称之为"独有之人"。在庄子看来，"独有之人"是"至贵"的："出入六合，游乎九州，独往独来，是谓独有。独有之人，是之谓至贵。"(《庄子·在宥》)就价值观的层面来说，庄子赋予"独有之人"以至上的价值，使其成为理想的人格形态。然而，"独有之人"如何能够"独往独来"，就涉及个体之"我"在向道过程中存在的方式。在此意义上，庄子提出"遗物离人而立于独也"(《庄子·田子方》)，"立于独"是成为个体之"我"的存在方式：它不仅隐含着"我"若不"独"则无以"立"，同时又具体规定了"我"要"立于独"需以"遗物"、"离人"为必要条件。"遗物"涉及人与物的关系，而"离人"则涉及人我的关系，二者从不同的角度在实质上规定了"我"与物、"我"与人保持界限、维护自我之独的方式。

　　"我"与物的关系，一方面，就与人相对的他物[1]而言，所谓"遗物"并不是让物成为与"我"无关的本然之物或自在之物，而是在与物相互作用的过程中，既尊重物自身的内在特性，又守护自我的本质性规定，从而使我与物均得到安顿。就此而言，庄子对"以物易己"、"以物害己"的现象进行了批评："不以物害己"（《庄子·秋水》）、"不以物易己"（《庄子·徐无鬼》）。这里，"己"即自我，而"己"与"物"的区分，意味着人与物均有自身之德，二者之间具有分际、界限；而"不以物易己"、"不以物害己"无疑又以人与物之间的相互作用为前提，这表明二者虽有区分，但并非毫不相关。相对于物而言，"己"具有自身的内在价值，因而在人对他物的作用过程中，应当不为他物所支配，从而在对物"不迁其德"的前提下，守护自我的本质性规定，使自我之独得以维持和再现。在此基础上，庄子把"丧己于物"（《庄子·缮性》）之人称之为"倒置之民"（《庄子·缮性》），表达了对将自我消解在物之中的人的否定态度，同时又从反面表明"我"不能沉溺于物而丧失自身的内在本质，从而使自身沦为他物的附庸以致"我"的消解。

　　与此相对，庄子在谈及理想人格形态的特点时，从正面要求维护"我"所具有的本质规定："死生亦大矣，而不得与之变，虽天地覆坠，亦将不与之遗，审乎无假，而不与物迁，命物之化，而守其宗也。"（《庄子·德充符》）对人而言，"天地"具有两重意义：一方面，无论是天，还是地，都是作为世界原初之在分化而来的产物，均作为万物之一而存在。就此而言，天、地与自然界中的他物一样，都是与人相对之物。另一方面，天、地构成了人和他物存在的前提和背景，天在上、地在下形成了人生活于其间的外部世界。与此相应，"天地覆坠"亦有着两种含义：其一，它表征着物之变迁；其二，它表明人生存背景的颠覆。就前者而言，人在面对他物的变迁时，自身所具有的特有品格不能随物而迁；从后者来看，"天地覆坠"，人的生存背景不复存在，相应

──────────

[1]　这里的"物"指包含自然在内的不同于人的他物。在此，与人相对的他物，与人的关系衍化为物我关系，亦即对象与主体的关系。

地，人的生命亦随之结束，这显然与人之生、死联系在一起。庄子认为人之死虽意味着其生命存在的消逝，却仅是某一特定个体生命的终结，就此而言，作为个体的人虽死，但其在生命存在过程中所具有的"独有"品格并没有随之而改变。对庄子来说，自我之为自我的本质规定，既不应随外部世界的变迁而变迁，又不会随自身生命的终结而改变。

另一方面，就世俗层面的"外物"[1]而言，"遗物"表明庄子反对以名利等世俗的价值来限制自我。由于"外物"是客观存在的，人却未必能够完全把握它，因而，庄子对用身外之事来规定自我持否定的态度，这在下面的描述中得到体现："外物不可必，故龙逢诛，比干戮，箕子狂，恶来死，桀纣亡。人主莫不欲其臣为忠，而忠未必信。故伍员流于江；苌弘死于蜀，藏其血，三年而化为碧。人亲莫不欲其子之孝，而孝未必爱，故孝己忧，而曾参悲。"（《庄子·外物》）对于"外物不可必"[2]，有着两方面的含义：就"外物"本身而言，人间之事错综复杂，无有定准，在这一意义上，"必"即必然[3]；就与"外物"相对的人来看，作为个体的人往往不能够把握和选择"外物"，更不能执著于"外物"，在这一意义上，"必"即执持。与之对应，庄子之反对以名利等世俗之物来规定、限制自身亦有着两重维度：其一，就"外物"作为人之外的事物已存在于世而言，不管其以既成的形态构成个体之人的存在背景，或以生成的形态与个体之人并存，"外物"都具有既定性，人无法对其作出选择；同时，就其作为生成的形态尚处于发展阶段而

[1] 这里的"物"指向世俗层面的功名利禄，这一意义上的物，庄子又把它称之为"外物"。宽泛而言，这一意义上的物涉及广义的人我之间的关系，并展开于其间，因为所谓的功名利禄只有在社会领域才有其存在的根据。在此，把"我"与"外物"的关系放在"我"与"物"的部分中来论述，主要依据庄子对"物"的理解及"遗物"的方式。

[2] 在成玄英看来，"外物"即人间事物。对于"外物不可必"，其疏为："夫人间事物，参差万绪，惟安大顺，则所在虚通，若其逆物执情，必遭祸害。"［郭庆藩撰：《庄子集释》（下册），中华书局2004年版，第920页］

[3] 对于"必"，成玄英的疏为"'必'，谓必然"［陈鼓应：《庄子今注今译》（下），第702页］。

94

对未来敞开而言，其具有未成性，而"外物"本身所具有的无定准的特性，使得人不能预先判断其发展历程及结果，因而，"外物"是个体自身所无法把握的。在此基础上，作为个体的人对"外物"的追逐往往会迷失方向，而使自我的本质规定失落于对功名利禄等的追求，就此而言，"外物"不能"必"；其二，作为个体之人执著于"外物"、以"外物"为重，其结果必然是对自我的忽视，就此而言，"外物"不可"必"。基于同样的前提，庄子认为"失性于俗者，谓之倒置之民"（《庄子·缮性》）。如前文所论及的，"性"作为"形"与"神"的统一，是人的内在规定或内在本质。与功名利禄等世俗之事、物相比，作为人的内在本质，人之"性"高于世俗的价值，所以，因为世俗而丧失人的内在之"性"，在庄子看来，既意味着颠倒"性"与"俗"的关系，又表明这样的人是不明内外、不知轻重的"倒置之民"。

同时，个体一旦"失性于俗"，执著于"外物"，其自身之"神"便会受到"外物"的束缚、制约，从而影响对外部世界的认识、判断及评价，并由个体的外在之"形"展现出来，具体表现在个体的言行举止上。"以瓦注者巧，以钩注者惮，以黄金注者昏。其巧一也，而有所矜，则重外也。凡外重者，内拙。"（《庄子·达生》）"瓦"、"钩"、"黄金"首先呈现为与人相对的他物，但就其相对于人的价值来说，三者又被归入于"外物"的范围内。对人而言，三者的价值依次呈现递进的状态，"瓦"于人价值最低，而"黄金"价值最高。以此为前提，人在以瓦片、带钩、黄金作赌注时，若内心有所顾惜，则是重视"外物"之人。对此，张默生说："用瓦器作赌注，心思就灵巧；用银钩作赌注，心里就害怕；用黄金作赌注，内心便昏乱。所用的智巧是同一的，只是因为有了惜物的紧张心情，便特别注重外物。"[1]重视"外物"使人的内心被遮蔽，所谓"凡外重者，内拙"，即展示出人对"外物"的过度关注不仅使其忽视自我的存在，更为重要的是造成内心的昏拙。因而，对

---

[1] 张默生：《庄子新释》，第278页。

"外物"的执著，导致的是人个体性规定的失落，人之独亦无从谈起。对庄子来说，遗"外物"既在"外物"的层面确认了其不能"必"，又在人的层面表明其不可"必"。

而庄子关于藐姑射之山神人的描述则展示了"遗物"之人的特征："之人也，之德也，将磅礴万物以为一，世蕲乎乱，孰弊弊焉以天下为事。之人也，物莫之伤，大浸稽天而不溺，大旱金石流、土山焦而不热。是其尘垢粃糠，将犹陶铸尧舜者也，孰肯分分然以物为事。"（《庄子·逍遥游》）在这里，"遗物"既包括与人相对的他物，又包含"外物"在内。"万物"即是指与人相对的、一般对象意义上的他物；而"事"则关涉人的活动，并与"世蕲乎乱"[1]相联系，指向功名利禄等世俗之"外物"。藐姑射之山的神人之所以能"物莫之伤"，在于其在与物打交道的过程中、在纷扰的名利等世俗之物的干扰下，能不被外在于人的物所束缚，从而在保持着自身不受侵犯的前提下守护自身之独。显然，庄子以寓言的形式说明作为理想人格形态的藐姑射之山的神人依然生存于分化的现实世界，且需面对自然层面的物与物、人与物的分化及社会领域中的人与人的争斗，但其"遗物"既是尊重人与物（包括"外物"）之间的界限，使人能够不受制于物而保持自身；又在与物的作用过程中以"通"之视域对待万物（所谓"磅礴万物以为一"），而不执著于其中之一物，从而既使得天下万物对其均呈现出自身之德，又守护着自我的内在本质。

"遗物"展示着作为个体的人与外物相"独"，与之相关，"离人"从"我"与人的关系上体现着"我"与他人的相"独"。对庄子来说，"离人"并不意味着离群索居，他对"山谷之士、非世之人"持批评的态度："刻意尚行，离世异俗，高论怨诽，为亢而已矣。此山谷之士、非世之人、枯槁赴渊者之所好也。"（《庄子·刻意》）对于"刻意尚行，

---

[1] 对于"世蕲乎乱"，陈鼓应的解释是："'世蕲乎乱'，意指世人争功求名，纷纷扰扰；党派倾轧，勾心斗角，所以说求乱不已。"[陈鼓应：《庄子今注今译》（上），第24页]

离世异俗"的"山谷之士"，其"离世"不过是外在形态上疏离于人群，而其内在的精神层面，仍被"外物"所牵绊，所谓"刻意尚行"即不免强以矫饰而求誉。与之相近，庄子对"避世"之人亦持否定的态度："就薮泽，处闲旷，钓鱼闲处，无为而已矣。此江海之士、避世之人、闲暇者之所好也。"（《庄子·刻意》）虽然"避世"之人与"离世"、"非世"之人在对待社会的具体表现上有所不同：前者以"避"表明个体与社会之间并不存在外在的对抗，在一定意义上，可以理解为个体通过对社会的消极躲避以保存自身；而后者则通过个体与社会之间的外在冲突，以否定社会的方式来突出个体自身。但是，"避世"与"离世"、"非世"一样，都是追求外在于社会，从而逃离众人。

　　与对人的上述存在方式持否定的态度相反，庄子肯定人之在世方式是"群于人"，而"群于人"则意味着人一旦秉承"德"以生，便不能不与他人相互共在，因而，与人共在成为人存在于世的本体论前提。就此而言，庄子之"离人"指自我在与人共处中维护自身精神世界的独立："有人之形，无人之情。有人之形，故群于人，无人之情，故是非不得于身。"（《庄子·德充符》）也就是说，人存在于世，与他人的共在、共处具有必然性，是不可避免的，因而人只能面对这一现实，并融入世间。但是，个人不能沉沦于众、湮没于"群"之中，所谓"无人之情"并不是要完全摒弃人的情感，因为人若没有情感的维度，人就不成其为人，而与物相等同。在这里，"情"更多地与世俗之情（包括执著于物之情及世俗的意识、观念）相联系，而"无人之情"则表明个体不要受世俗之情的影响，不能湮没、沉沦于世俗的观念，而使自身在精神世界的层面维护其独。

　　基于同样的思路，对庄子而言，至人作为理想的人格形态，既与人共在，又守护着自我："唯至人乃能游于世而不僻，顺人而不失己。"（《庄子·外物》）所谓"游于世而不僻"，亦即存在于世而非避世、离世；"顺人而不失己"则既肯定了与人的交往、共处，又不因此而使"己"之个体性失落。对此，杨国荣先生有过精辟的论述："庄子将共

97

在("群于人"、"游于世而不僻")理解为本体论意义上的存在境遇，并强调自我的个体性规定即体现于此种境遇；以'无江海而闲'、'顺人而不失己'为形式，个体的'在'世具体地表现为即世而超越于世、在共在中实现和展示个体的内在规定。"[1]同样，前述"独往独来"的"独有之人"亦非离群索居，而是与"至人"一样，在与人共在中维护着自我的独特规定。

更进一步地说，如何才能实现在与人共在中对自我的守护？在庄子那里，对这一问题的解决以在人我关系中确认自我的优先性为前提："古之至人，先存诸己而后存诸人。所存于己者未定，何暇至于暴人之所行？"(《庄子·人间世》)所谓"存"，即立。"先"、"后"不仅仅具有时间上的意义，而且更具有价值层面的意义。"先存诸己而后存诸人"意味着首先要使自我得以立，之后才能帮助或推动与"己"相对的他人达到立的境界。在此，"己"之"先"与"人"之"后"形成对照，表明"己"相对于他人而言具有存在意义上的优先性，而立己之为立人的前提，更明确地展示了自我在存在过程中处于优先的地位。就"我"与人的关系而言，庄子对自我的强调由此可见一斑，以此为前提，守护自我的"独有"品格而不沉沦于众成为必然的要求。

同时，对于庄子来说，"遗物"、"离人"并非毫不相关，而是有着内在的联系，这体现在他对"至人"的如下描述中："夫至人有世，不亦大乎？而不足以为之累，天下奋棅而不与之偕，审乎无假而不与利迁，极物之真，能守其本。故外天地，遗万物，而神未尝有所困也。"(《庄子·天道》)在庄子看来，"至人"既能"遗物"，又能"离人"，因而"神未尝有所困也"。具体而论，"至人"存在于世的过程，一方面，面对天下之人纷纷攘攘争夺权柄而不为心动，所谓"不与之偕"，既是不以功名利禄等世俗意义上的"外物"来限制自身，从而不受世俗之物的束缚，在内在精神上维护其"独"；又是至人在与自身之外的他人

　[1]　杨国荣:《庄子的思想世界》，第185页。

共处的过程中，没有沉沦于天下之人中，从而保持着自我的"独有"品格。另一方面，在与物打交道时，既能够指向物的真实根据（所谓"极物之真"），又能持守自我的本根。因而，"至人"既通过"外天地"、"遗万物"在"我"与物的关系上维持自我之独立性，又以"离人"的方式在"我"与人的关系上守护自身之"独"。所谓"神未尝有所困"即彰显了"至人"在内在的精神层面的独立性。与此相似的论述还有："独与天地精神往来而不敖倪于万物，不谴是非以与世俗处。"（《庄子·天下》）"敖倪"即骄矜、傲视，"不敖倪于万物"意味着人以"通"之视域对待万物，既不执著于自身，又不执著于万物中之某物，从而既使物之为物的本质规定得以保持，又使人不被物所支配而维护自身之独。就此而言，可以把"不敖倪于万物"看作"遗物"的另一种表述。"不谴是非以与世俗处"，则可以看作是"离人"的体现，所谓"与世俗处"即表明自我与他人的共在、交往，而"不谴是非"的处世方式亦表征着就人我之间的关系而言，自我不被世俗的是是非非所牵制，从而维护着自我之为自我的独特规定。而"独与天地精神往来"则清晰地展示出个体精神世界之"独"。

从以上分析中可以看出，"遗物"、"离人"作为人"立于独"的必要条件，从不同角度使人如何能够"立于独"得以展开。从实质的层面来看，二者的含义相通，不管是"遗物"，还是"离人"，都指向个体精神层面之"独"：对作为个体的人来说，既要求其内在的精神世界不随外物而迁，不与世俗俱化；又要求人面对现实之在，在与人共处中始终保持精神世界的独立性。

二、直觉与体悟

如上所述，就向道的过程来看，庄子以"遗物离人"来实现个体"立于独"。与之相关，庄子对体道的方式作了进一步的考察，由此提出了"坐忘"与"心斋"这两个重要的范畴，而二者对"形"与"知"的双重扬弃彰示着对直觉与体悟的确认，这无疑在向道的方式上体现着个体之"独"。

对庄子来说，道可得而不可学："南伯子葵问乎女偊曰：'子之年长矣，而色若孺子，何也？'曰：'吾闻道矣。'南伯子葵曰：'道可得学邪？'曰：'恶！恶可！子非其人也。'"（《庄子·大宗师》）在此，需要注意的有两点：其一，女偊自称"吾闻道矣"，确认了作为个体的人能够把握道。换言之，对于人来说，道可得。其二，对南伯子葵"道可得学邪？"这一问题，女偊用"恶！恶可！"给予了否定的回答，这意味着道不可学，也就是说，人不可能通过学的方式达道。

庄子对于道不可学的肯定，与《老子》在为学与为道上的看法显然具有前后相承的关系。《老子》曾对为学与为道作了区分："为学日益，为道日损，损之又损，以至于无为。"（《老子·第四十八章》）在《老子》那里，所谓"学"，其对象主要是人之外的现象世界，与之相应，"为学"表现为人在经验领域中向外求知的过程，"日益"即显示出其是一个知识不断积累、不断丰富的过程；而"道"作为世界的统一性与发展性原理，与之相应，"为道"指向的是形上本体，从而表现为对世界统一之"道"与发展之"道"的把握，"日损"及"损之又损"表明其不断地解构对外部世界所获得的经验知识体系，"以至于无为"。

由此，可以清楚地看出，庄子与《老子》一样，对以"学"的方式来致"道"作了否定：通过"学"来达"道"，只能将"道"降低为物，变成物，所获得的只能是关于"某物"的经验之知，即"小知"。以此为基础，庄子对《老子》的"为道日损"说作了发挥，提出了"坐忘"这一重要的范畴。所谓"坐忘"，庄子以寓言的形式通过孔子与颜回的对话对其作了论述："颜回曰：'回益矣。'仲尼曰：'何谓也？'曰：'回忘仁义矣。'曰：'可矣，犹未也。'他日，复见，曰：'回益矣。'曰：'何谓也？'曰：'回忘礼乐矣。'曰：'可矣，犹未也。'他日，复见，曰：'回益矣。'曰：'何谓也？'曰：'回坐忘矣。'仲尼蹴然曰：'何谓坐忘？'颜回曰：'堕肢体，黜聪明，离形去知，同于大通，此谓坐忘。'仲尼曰：'同则无好也，化则无常也。而果其贤乎！丘也请从而后也。'"

(《庄子·大宗师》)在此，"忘"显然涉及作为个体之人的精神活动及意识活动，并表现为从有到无、有而无之的过程[1]，也就是说，人将自身所获得并融合于其精神世界中的内容加以消除。从"忘"的内容来看，"礼乐"、"仁义"主要表现为文明社会的行为规定和价值规范；"形"以"身"为表征，作为感性的躯体，在外在形态上展示着人的存在，而"知"与"心"、"神"相关，涉及人的理性能力，在内在精神的层面体现着人之在。由于"礼乐仁义构成了人存在的社会文化伦理背景"，所以，"忘仁义、礼乐，意味着疏离社会文化背景，由文明的约束回归自然的形态"[2]，但是，对庄子来说，礼乐仁义对人而言具有外在的性质，因而，对礼乐、仁义之"忘"仅只意味着消解其对个体所形成的外在影响。与之相对，"形"与"知"分别从外在与内在的层面涉及个体的存在，而"离形去知"是对个体自身的感性形态与理性规定的双重扬弃，就此而言，"堕肢体"、"黜聪明"[3]是"离形去知"的另一种表述，它也是从个体自身的层面，在感性之"肢体"与理性之"聪"、"明"两个方面使个体的存在得以净化，从而达到与道为一（即"同于大通"）之境。

同时，在庄子那里，"离形去知"作为"坐忘"的内容，其意并非是要从根本上否定人之"形"与"知"的存在，倘若如此，人便不复存在。如前文所论及的，人之"形"是人的生命存在的承载和依托，对"形"的否定，意味着人之存在的消逝；而人之"神"则从内在本质上规定着人之为人的独特品格，从而使其能够从自然界之万物中脱离出来，

---

[1] 就日常语言来说，所谓"忘记"即表示着人在思想中、意识中从有记忆（即"记"）到无记忆（即"忘"）的过程，亦即有而无之。

[2] 杨国荣：《庄子的思想世界》，第112页。

[3] 在此，需要特别加以说明的是："聪"与耳相联系，表征着耳所具备的听的感官能力；"明"与目相联系，展示着目所具有的视之感官能力。就"聪""明"与人之形体上的感官相联系而言，它与"离形"之"形"相联系；就二者分别作为耳、目的感官能力，其要发挥作用必须与"心"的思维作用相联系（若没有"心"的思维作用参与其间，耳所听到的、目所看到的，对人来说均无实质意义）而言，又与"去知"意义上的"知"相关。

"知"在一定意义上与"心"、"神"相联系，因而，对"知"的否定，意味着人之为人的本质规定的消解，从而使人等同于物。所以，庄子之"离形去知"的过程无疑以自我的存在为本体论前提，其目的在于使自我达到与道为一的境界。而"吾丧我"（《庄子·齐物论》）则展示了与此相近的思路，对庄子而言，自我有着两种表现形态："吾"即与道为一的本真自我，而"我"则受制于他物或被世俗价值规范所束缚。前者作为本然、真实的自我（"吾"）展示着自身的独特品格，而后者则"丧己于物、失性于俗"（《庄子·缮性》），失落了自我的"独有"规定，从而呈现为非本然、非真实的"我"。庄子的"吾丧我"并非要消解自我的存在，相反，其意旨在于通过扬弃非真实的"我"以维护真实之"我"的存在，并在实质上确认个体之"我"的存在价值。因而，在"吾丧我"的过程中，"虽忘乎故吾，吾有不忘者存"（《庄子·田子方》）。也就是说，"吾"之存在确然无疑并贯穿于整个过程之中，郭象对此注释道："虽忘故吾，而新吾已至，未始非吾。"（《庄子注·田子方》）在一定意义上可以说，对"故吾"之忘，才能使"新吾"得以呈现，但"吾"一直在场。

就此而言，所谓的"离形去知"，"意思是不受形骸、智巧的束缚"[1]，而不是完全抛弃"形"、"知"[2]。对此，徐复观先生曾说："'堕肢体'、'离形'，实指的是摆脱由生理而来的欲望。'黜聪明'、'去知'，实指的是摆脱普通所谓的知识活动。……庄子的'离形'……并不是根本否定欲望，而是不让欲望得到知识的推波助澜，以至于溢出于各自性分之外。在性分之内的欲望，庄子即视为性分之自身，同样加以承认的。所以在坐忘的意境中，以'忘知'最为枢要。忘知，是忘掉分

---

[1] 陈鼓应:《庄子今注今译》(上)，第 206 页。

[2] 在庄子看来，"知"有所谓"小知"与"大知"之分，"去小知而大知明"（《庄子·外物》）即表明了这一点。"小知"即以物为对象的经验之知，"大知"即关于道的智慧，庄子否定前者而肯定后者，并以获得指向道的形上之知之人即"睹道之人"（《庄子·则阳》）为理想人格形态。由此可见，庄子之"去知"不是完全否定"知"的所有形态。

解性的、概念性的知识活动。"[1]

毋宁说，庄子所要"离"之"形"具有两层意义：其一，作为个体的人占有着特定的时间、空间位置，这既展示着其独特性，又会对其自身带来限定，这种限定既体现在视域上，又体现在由此视域而来的认识结果中，如"井蛙不可以语于海者，拘于虚也；夏虫不可以语于冰者，笃于时也；曲士不可以语于道者，束于教也"（《庄子·秋水》）。庄子以"井蛙"、"夏虫"隐喻人，表明个体存在于特定的时间、空间中，会为特定的时空关系所限定，从而影响其看待外部世界的方式及由此而来的认知结果。就此而言，庄子之"离""形"是要人超越自身所处的特定环境及历史条件的限制，以"通"之视域看待现实世界，只有这样，"形"所表征的特定的时空关系才不会制约人对世界、对道的认识和理解。其二，对人来说，"形"与"身"的联系，使得"形"在一定意义上与感性的欲望相关，而人一旦沉溺于色、声、味的世界，则会被外物所支配，并最终导致"心"随"形化"，"其形化，其心与之然，可不谓大哀乎？"（《庄子·齐物论》）从而使人自身的本质规定失落于这些感性的欲求。在这一意义上，庄子之"离形"是要摆脱"形"所表征的感性欲求的束缚，消除"形"对"心"的负面影响，使个体的存在在感性之"形"的方面得以净化。

与"离形"相关，庄子所要"去"之"知"亦包含着两个方面的内容：其一是"知"之能力，即人能够认识外部世界，以增进自身经验之知的理性能力；其二是人运用"知"之能力，通过认知活动所获得的知识形态，即以物为对象的经验之知，亦即前文所提及的"为学"意义上的知识。对庄子来说，"去知"既要扬弃以外部世界为求索对象的理性能力，又要消除"极物而已"（《庄子·则阳》）的经验之知，以使人的存在在理性之"知"的方面得到净化。

因而，对庄子而言，"离形去知"作为坐忘的内容，具体来说表现

[1]　徐复观:《中国艺术精神》,华东师范大学出版社 2001 年版,第 43—44 页。

为"目无所见，耳无所闻，心无所知，女神将守形，形乃长生"（《庄子·在宥》）。在此，"目"之"所见"、"耳"之"所闻"涉及与"形"相关的感性能力与感性之知；"心"之"所知"则与理性能力与理性之知相涉。庄子对二者的否定，既使个体之"神"与"形"均不受制于外物而得以维持自身之"独有"品格，又使作为个体生命存在表征的"形"得以"长生"。同时，它所导向的是"伦与物忘，大同乎涬溟"的合于道之境："堕尔形体，吐尔聪明，伦与物忘，大同乎涬溟，解心释神，莫然无魂。"（《庄子·在宥》）通过对闻见与心知的双重扬弃，继之而来的是对"心"、"神"所代表的精神领域的解构（所谓"解心释神"），这使得"坐忘"成为较为彻底的"忘"，从而达到与自然为一的合乎道之境。在这一意义上来说，个体之"坐忘"，其目的在于与"道"通而为一。

相应于"坐忘"，庄子又提出了"心斋"作为个体达道的方式，在颜回问什么是心斋时，孔子回答道："若一志，无听之以耳，而听之以心；无听之以心，而听之以气。听止于耳，心止于符；气也者，虚而待物者也，唯道集虚。虚者，心斋也。"（《庄子·人间世》）"心斋"的形成有个过程，其前提需要个体保持心志专一（所谓"一志"），而"一志"内含着专注而有定向之意，在此，意志的选择与坚毅品格得到体现：无论是在无定向之前作出选择，还是选择方向之后的专注与坚持都展示着意志的作用。就意志作为人的一种理性能力而言，庄子在"心斋"形成的前提上对其加以确认。同时，意志的如上作用亦体现在"心斋"的整个过程之中：首先，庄子在"听之以耳"、"听之以心"与"听之以气"之中选择并确定以"听之以气"的方式可以达到"心斋"；其次，在庄子那里，个体需坚持以"听之以气"的方式来待物，以达到与道为一之境。对于庄子来说，以耳来听，意味着感性的考察方式；以心来听，意味着发挥"心"的思维作用，从而指向理性之思。实际上，如前文所论及的，耳、目等感觉器官所具有的听、视的作用，只有在"心"之思维功能加诸其上时，耳之所听、目之所视等所得的内容对人才有实际的意义。因而，对人而言，"听之以耳"与"听之以心"是联系在一起的。在此，庄子对二者持否定的态度，意味着对感性之知与理性之知的扬弃，原因在于所谓的耳目之知与心知，都以外部世界为其"知"之对象[1]，因而相应地具有对象性或意向性。然而，庄子所肯定的"听之以气"的方式，则显然不以对象性或意向性为其特征，因为"气"以"虚"为其内涵，所谓"气也者，虚而待物者也"即表明了这一点。由此，庄子认为在"心斋"的形成过程中，人应由"听之以耳"、"听之以心"的有具体对象或意向的方式，过渡到"听之以气"的不指涉具体对象或意向的方式，从而在精神形态上返归虚而无物的状态。在这一意义上，可以说，庄子在一定程度上承认了"听之以耳"、"听之以心"的存在，并把二者视为达到"心斋"过程中的两个阶段，这与庄子对意志作用的承认一起，展示出庄子对感性与理性并非采取根本否定的态度，如前文所提及的，他只是对束缚人以致使人失去自身独特规定的感性欲望与理性欲求加以否定，而对人自然的感性需求与理性需要予以承认。[2]同时，庄子之"唯道集虚"，意味着把"虚"视为"道"之体现；而"虚者，心斋也"，则表明庄子又将"虚"看作对道加以把握的前提和方式。因而，"心斋"既意味着个体在精神层面的涵养

---

[1]　"心知"所指向的，虽为理性之域，但心之思维过程却包括思维对象，不管该思维对象是现实世界中本来就具有的，还是个体自身依靠想象、记忆等构造出来的，该思维对象都不能缺失，否则思维过程将无法进行，就此而言，"心知"具有对象性；此外，在心之思维过程中，即便是个体自身构造出在现实世界中并不存在的对象，它仍是以外部世界的对象为构造的基础、原型，个体不可能完全凭空捏造一个对象来思维，就此而言，"心知"亦具有对象性。

[2]　这在"吾所谓无情者，言人之不以好恶内伤其身，常因自然而不益生也"（《庄子·德充符》）中得到体现。对庄子来说，无情并非完全摒弃情感，而是摆脱所谓的世俗之情对人产生的负面影响，以免人被其所支配。与此相关，庄子摆脱世俗之情是要维护人的自然性情。就此而言，庄子不仅承认人的自然性情的存在，并且将其视为理想人格形态的一种表现。"泰氏，其卧徐徐，其觉于于；一以己为马，一以己为牛；其知情信，其德甚真，而未始入于非人。"（《庄子·应帝王》）在此，泰氏作为庄子眼中的理想人格形态，其具有情的维度即表明了这一点。同时，泰氏亦具有"知"的规定，与此相关，庄子承认所谓"大知"的存在："去小知而大知明"（《庄子·外物》），庄子以指向道的形上之知为"大知"，把"睹道之人"（《庄子·则阳》）视为理想人格形态，无疑都表明其在一定程度上对"知"的承认。

工夫，又包含着个体对其精神世界净化的效应。对于"心斋"之"虚"，庄子仍然以颜回与孔子对话的方式来进行论述："颜回曰：回之未始得使，实自回也；得使之也，未始有回也。可谓虚乎？夫子曰：尽矣。"（《庄子·人间世》）从"实自回也"到"未始有回"，个体的精神世界得以转换。也就是说，个体通过"心斋"的涵养工夫，原来被他物、被世俗价值所束缚的自我已不复存在，呈现出的是经过净化之后的本真之我。但是，以"心斋"来表述这种"虚"的境界和"虚"的方式，无疑具有些许神秘的意味。对此，杨国荣先生曾说："'斋'本来与祭祀活动中的自我净化相联系：唯有消除世俗的不洁之物，才能与神明沟通，庄子以此作为得道之境所以可能的前提，无疑突出了解构、消除、净化既成精神世界对于把握道的意义。"[1]

不管是"坐忘"，还是"心斋"，作为达道的方式，都以对感性与理性的双重扬弃来解构个体已有的精神世界。对此，冯契先生曾指出："庄子所说的'心斋'、'坐忘'，就是'损之又损'的具体途径"，相应于"未始有物"、"未始有封"、"未始有是非"三个阶段，而有"'损之又损'的三种境界：第一，'未始有是非'，即忘了彼此间之是非；第二，'未始有封'，即忘了彼此的分别；第三，'有以为未始有物者，至矣，尽矣，不可以加矣'，即忘了能所、主客，内外浑然一体，用郭象的注，就是'忘天地，遗万物，外不察乎宇宙，内不觉其一身'，我和世界、主体和客体的对立全都泯除了。在《庄子·庚桑楚》里有类似的一段话，郭注说：'或有而无之，或有而一之，或分而齐之，故谓之三也。此三者虽有尽与不尽，然俱能无是非于胸中。''分而齐之'就是说虽有分别（存在着彼此的界线），但能齐是非；'有而一之'是说有物（以宇宙整体为对象，但还存在着主客的差别），但能忘彼此的界限；'有而无之'就是忘能所、主客，这样就达到'天地与我并生，万物与我为一'的境界。庄子与郭象讲的'忘'就包括这三个阶段（忘是非、忘彼此、忘能

[1] 杨国荣：《庄子的思想世界》，第116页。

所），而首先在于破除是非。"[1]

庄子认为只有经过"坐忘"、"心斋"的"损之又损"的工夫，个体真实的存在形态才得以呈现。这与现象学家所说的"去蔽"具有相通之处。胡塞尔认为："我们要回到'实事本身'上去。"[2]也就是说，"去蔽"对于胡塞尔来说意味着"面对实事本身"，这无疑是对原本性、原初性的把握。而庄子通过"忘"之工夫所达致的与天地为一的通之境亦是本真之在的呈现，就此而言，二者确乎具有一定的相似性。

对于庄子来说，在其"坐忘"、"心斋"中，从时间的形态来看，个体立足于现在，指向了未来的向度，但值得注意的是，在未来的向度中却蕴含着过去之维。具体而论，个体之人作为原初之在分化而为现实之在的产物，其一经产生，便既存在于特定的时间、空间关系之中，又存在于一定的社会关系之中，从而具有既定的性质，而这种既定性，既使个体被局限于当下的存在之域中，又使个体同时呈现出"在场"（presence）的特点，这无疑展示着"在场"与现在的关联。然而，对于个体来说，一旦其被定位于现在之域，则既会受到当下境域中各种外在因素的影响，又会使自我的视域局限于当下，并最终制约自身的精神世界。基于此，庄子既反对沉溺于外在的色、声、味的世界，又要求"慎女内，闭女外"（《庄子·在宥》），从而表现出超越当下的趋向，这同时意味着对个体在现在之域中的既成形态的超越，进而使个体走向未来之维。在庄子那里，个体对自身当下存在形态的超越确实指向其在未来之域中的存在，但是，如前文所论及的，以"坐忘"、"心斋"的方式去解构、净化个体已有的精神世界，其目的是回归本真之我，而本真之我，无疑是个体自身在过去之域中的存在形态。在此，不难看到，对于庄子来说，个体立足于现在的既定状态，通过对既成的精神

[1]　冯契：《认识世界和认识自己》，《冯契文集》（第一卷），华东师范大学出版社 1996年版，第 274—275 页。

[2]　胡塞尔：《逻辑研究》（第二卷），倪梁康译，上海译文出版社 1998 年版，A19/B19，第 16 页。

世界的消除,以超越当下的受限制状态,向未来之我进发,但未来之我的内涵却是本然之我,这使得自我在未来的向度中表现为向作为出发点的本然之我的复归,从而使得未来之域呈现为过去的再现。

显然,庄子的这一思想与海德格尔的某些看法既相关又相异。首先,二者都认为个体不应执著于既定的存在形态,而应走向理想之在,从而指向未来的向度。海德格尔曾明确地论述道:"一切存在论问题的中心提法都植根于正确看出了的和正确解说了的时间现象以及它如何植根于这种时间现象。"[1]但是,时间的将来之维却具有着优先的地位,并在人的存在中具有重要的意义:"源始而本真的时间性的首要现象是将来。"[2]从时间与存在的关系来看,时间的将来之维往往与个体之在的可能形态相联系:因为对于个体来说,其可能形态的展开总是在将来之域中得以实现。基于此,海德格尔指出:"此在总作为它的可能性来存在。"[3]在此,海德格尔对可能性在个体之在中的意义的突出,与对将来在时间之域中的优先地位的肯定相一致,明确地表示出对执著于既定的"存在者"的反对,从而展示出与庄子相似的趋向。

其次,二者对未来向度的理解又存在着重要的区别。如前文所论及的,庄子以"坐忘"、"心斋"的方式来解构个体已有的精神世界,复归"天地与我并生,万物与我为一"的本然之在。从时间之维来看,这种本然之在虽呈现于未来之域,但就其内涵来看,其实质是个体之在过去某种形态的再现。因而,在庄子那里,从表面上看,个体以"坐忘"、"心斋"的方式去达道,表现为从现在之域向未来之域的进发;但在实质上,它却表现为从现时形态向过去形态的回溯。换而言之,在庄子那里,个体之在的理想形态虽在未来之域内实现,但却更多地展示出与过去之域的联系。相形之下,海德格尔则更多地把可能的存在形态与将来之域相联系:"只有当此在是将来的,它才能本真地是曾

---

[1] 海德格尔:《存在与时间》,第22页。
[2] 同上书,第375页。
[3] 同上书,第50页。

在。曾在以某种方式源自将来。"[1]也就是说,存在的可能形态是向将来敞开的。基于此,海德格尔在存在中引入了筹划。在他看来,人作为可能的存在,具有未定的性质,从而与既成的、被规定的存在相区别。对人来说,其可能形态的展开与对既定形态的超越是同一过程中的两个方面。在海德格尔看来,被抛掷到世间的人,是面向着未来的存在:"此在是委托给它自身的可能之在","此在作为此在一向已经对自己有所筹划。只要此在存在,它就筹划着"[2]。人通过筹划来塑造自己的未来,并使自身的可能形态成为现实形态。同时,筹划伴随着此在的存在:"筹划始终关涉到在世的整个展开状态。"[3]相应于庄子期待在未来的向度内实现对过去本真之在的再现、回溯,海德格尔更注重的则是朝向未来向度的可能形态的实现过程,通过此在在世过程中的筹划,而使得其"在生存论上向来所是的那种可能之在,有别于空洞的逻辑上的可能性"[4]。在此,不难看到,庄子与海德格尔在时间之维上表现出不同的侧重:前者表现为在未来之域实现对过去的回溯、复归;后者以筹划的方式展开存在的可能形态,既面向未来而敞开未来,又塑造未来。

以向本然之在复归为指向,庄子认为道不可"学"而得,在一定意义上可以说,以外部世界为对象的感知和理性方式属于广义的"学"的范围,通过这种方式获得的"知""是有是非、彼此、能所的界限的"[5],但是道则超越了这些界限,故其不可"学"。与对道不可"学"的确定相应,庄子进一步考察了通常的"学"之外的方式。"夫徇耳目内通而外于心知,鬼神将来舍,而况人乎?"(《庄子·人间世》)如前文所论及的,人之耳目等感觉器官首先以外部世界为作用对象,由此获得的"知"即"小知"。与之相反,这里的"耳目"不再指向外部对

---

[1] 海德格尔:《存在与时间》,第371页。
[2] 同上书,第168—169页。
[3] 同上书,第170页。
[4] 同上书,第167页。
[5] 冯契:《认识世界和认识自己》,《冯契文集》(第一卷),第275页。

象，而是表现为反身向内的"内通"；同时，这种"内通"又以"外于心知"为特点，从而不同于通常的理性之知。这里，庄子显然是从体道的角度，对"耳目"等感官的作用方式作了不同的规定，这既是体道方式的呈现，又以确认"耳目"的存在和功能为前提。对此，庄子又进一步作了论述："吾所谓聪者，非谓其闻彼也，自闻而已矣；吾所谓明者，非谓其见彼也，自见而已矣。夫不自见而见彼、不自得而得彼者，是得人之得而不自得其得者也，适人之适而不自适其适者也。"(《庄子·骈拇》)依据"耳目"所指向的对象，庄子将"聪"区分为"闻彼"与"自闻"两种形态，将"明"区分为"见彼"与"自见"两种形态。对于这两种"聪"和"明"，庄子否定前者而肯定后者，由此确认了"耳目"通过"内通"的方式所获得的"知"，也涉及"聪"和"明"，但"自闻"之聪与"自见"之明显然与"闻彼"之聪、"见彼"之明相对，并不以外部世界为对象，而是指向自身。就目的的层面来看，所谓"自闻"、"自见"旨在自得、自适；就作用的方式来看，"自闻"、"自见"以反身向内的自视自见为特点。

一般而论，就对外部世界的认识来看，人以"耳目"等感官去接触外部对象，具有直接性的特点，而由此所获得的耳目之知则具有感性直观的特征。庄子对"耳目"等感官予以重新界定，"以'内通'规定耳目的功能，并将其与'心知'隔绝开来，则使之不同于经验或感性的直观，而在实质上表现为某种区别于单纯理性作用的直觉"[1]。而在庄子看来，这种"耳目"的"内通"区别于前述的"学"，是体道的方式，它具体地展现在庖丁解牛的寓言中："庖丁释刀对曰：'臣之所好者道也，进乎技矣。始臣之解牛之时，所见无非全牛者。三年之后，未尝见全牛也。方今之时，臣以神遇而不以目视，官知止而神欲行。……良庖岁更刀，割也；族庖月更刀，折也。今臣之刀十九年矣，所解数千牛矣，而刀刃若新发于硎。'"(《庄子·养生主》)在此，庄子对庖丁解

[1] 杨国荣：《庄子的思想世界》，第117—118页。

牛的过程进行了描述:庖丁从"始臣之解牛之时",到"三年之后",再到"方今之时",随着时间的推移,其解牛由"技"而"进乎""道"。就此而言,庖丁解牛通过过去、现在、未来的时间之维展示着体道的过程性,与之相应的是解牛方式的改变,由最初的将牛视为与人相对的他物("所见无非全牛"),到"以神遇而不以目视"。具体而论,庖丁在"所见无非全牛"的阶段,其"所见"即以牛为外部对象,通过"目"之视所获得的经验之知;而在"以神遇而不以目视,官知止而神欲行"的阶段,其不以指向对象的方式来"见彼"(即"不以目视"),而是以内在的直觉来把握(即"以神遇")。相应于由"技"而"进乎""道"的过程,庄子将"以神遇"看作得道的方式,同时亦肯定了"以神遇"所表示出的这种直觉的作用。但是,"庄子在这里所说的直觉实为五官之知的升华"[1],就形式的层面上来看,所谓"官知止而神欲行"使得"以神遇"的达道方式表现为对感性直观与理性之"知"的双重扬弃(即"官知止");而就实质的层面来说,这种直觉却以感性直观为基础,并包含着理性的因素:所谓"所见无非全牛"的解牛初始阶段无疑是作为"以神遇"的前提而存在的;而"神欲行"即体现着理性的作用。

同样的思路亦体现在轮扁斫轮的寓言中:"轮扁曰:'臣也以臣之事观之。斫轮,徐则甘而不固,疾则苦而不入。不徐不疾,得之于手而应于心,口不能言,有数存焉于其间。臣不能以喻臣之子,臣之子亦不能受之于臣,是以行年七十而老斫轮。'"(《庄子·天道》)与庖丁解牛一样,实践活动的主体轮扁,从他开始斫轮,到能达到"不徐不疾"的适度状态,要经历一个过程。当轮扁达到了"不徐不疾"的完美状态,他在斫轮时就会"得之于手而应于心,口不能言,有数存焉于其间"。"口不能言"、"臣不能以喻臣之子,臣之子亦不能受之于臣,是以行年七十而老斫轮"则展示了"存焉于其间"之"数"作为斫轮过程

---

[1] 刘笑敢:《庄子哲学及其演变》,第 168 页。

中的内在之理不仅无法用语言加以表述，而且无法在主体之间交相传递，从而造成"行年七十而老斫轮"的结果。然而，斫轮过程中这种"数"作为内化于实践主体之中、并与其同在的内在之理，显然已不同于如"技"之类的操作层面的经验性知识、规矩，而是"具体表现为行为节奏的恰到好处、心手之间的默契配合"[1]，从而几近于合乎"道"之境界。前者无疑可以以语言来表述、传递，但后者却只能以心默会。这种以心默会的方式蕴含着多重意蕴：首先，它包含着经验或感性直观的内容，如作为斫轮主体的轮扁必须看到、触到车轮及斫轮的工具，才能完成斫轮的动作，因而包含着如"观""触"等因素，但它又不限于感性直观；其次，在斫轮过程中又内在地渗入了理性的内涵，如"自觉"的因素，使其不同于动物的单纯的、自发的感性活动，但它又超越了理性，并且要悬置、摒弃理性思维（有意而为之）。因此，以心默会在某种程度上表现为与斫轮主体之在密切相关的、在斫轮活动过程中体现出来的直觉、体悟，这种直觉、体悟有别于单纯的感性活动或理性作用，并且具有"非程序性、非推论性以及难以言说的特点"。[2]

对于体悟，于连曾论述道："所谓'悟'(réalisation)表示的是英文 to realize 的意思，在法文里的用法颇受人非议，但是纪德说'这个词一定能生存下去，它表示了一种观念，而且表示得很恰当，人们一下子就再也离不开这个观念，也离不开创造了这个观念的词了。'……这里面包含有展开的意思（中国的思想本来就是过程的思想），也有对日常生活和具体事物进行检验的意思：日常生活或具体事物不是作为认识的客体出现的，而是作为'悟'的机会。……'悟'所倚赖的，不是手段，而是条件，我们只能促成它（好比植物成熟的过程，孟子说过，拔苗助长是没有用的，我们只能让小苗自己生长，只能经常为它锄锄草）。或者还可以说……'悟'则是间接的，要通过一定的途径，'悟'既是潜在的，又是含蓄的，我们永远无法完全地阐明它，'悟'表现为

---

[1]　杨国荣：《庄子的思想世界》，第 131 页。
[2]　同上书，第 118 页。

'遇到某种机会时'产生的结果。我们会说:'喔,原来如此!''有若茅塞顿开……'"[1]这一看法显然有见于体悟的内在性,以及其与感性、理性活动的区别。

　　然而,这种以心默会的目的在于把握斫轮活动的本质,而对于本质的把握在一定程度上亦相当于对斫轮活动本身的把握。所以,在一定意义上,可以认为轮扁在斫轮活动中对于"数"的默会即是对于斫轮活动本身的直接把握,这就使得其与胡塞尔所说的"直观"有着某种程度的相似。倪梁康先生说:"当胡塞尔在传统的笛卡尔真理意义上提出真理就是明证性,明证性就是明察时,他显然指的不是'理解的明证'或'明证的理解',而是'直观的明证'或'明证的直观',一种能够直接把握实事本身的明证性。也就是说,这种明证性的最主要特征应当是直观,即一种'直接地把握到'。"[2]除此之外,"直接地把握到"与庄子对成心的否定与扬弃又有着一定的相关性,因为"在'直接地把握到'这个概念中显然包含着'无前设性'、'无成见性'、'面对实事本身'(亦即无间隔性)的意义。"[3]

　　在庖丁解牛中,庄子对通过"以神遇"的方式去领悟道予以肯定;在轮扁斫轮中,庄子确认斫轮活动中的"数"是能够依靠主体以心默会、体悟的方式来获得,这既意味着庄子对于人能否得道作了肯定的回答,又确认了以直觉、体悟、默会的方式可以达道。在更广的意义上,庄子认为道"可得而不可见"(《庄子·大宗师》),并提出:"道不可闻,闻而非也;道不可见,见而非也;道不可言,言而非也。"(《庄子·知北游》)如前文所提及的,依靠个体向外求索的"闻"、"见"等方式不可能得道,而道亦不能通过别人的传授获得。对于个体来说,达道的方式在于自我在实践过程中对道的深刻体悟,这种体悟具有强烈的属我性,因而在一定意义上表现为"独悟"。"只有在我心中,只有

[1]　弗朗索瓦·于连:《圣人无意:或哲学的他者》,第65—66页。
[2]　倪梁康:《现象学及其效应——胡塞尔与当代德国哲学》,第178—179页。
[3]　同上书,第179页。

通过我自己，我才能'悟'。"[1]而达道的前提则须具备求道的精神及专一于道的志向，这既在"心斋"的形成过程中以其前提出现，所谓"一志"即要求个体保持其心志专一；又体现在"进其独志"之中："大圣之治天下也，摇荡民心，使之成教易俗。举灭其贼心，而皆进其独志。"（《庄子·天地》）在此，所谓"进其独志"意即增进人求道、专一于道的志向。对庄子来说，"独悟"作为个体达道的方式，是对个体内在精神的要求；而"一志"、"独志"作为对个体意志的要求，则是涉及个体意志的选择与坚毅的品格。二者既以个体精神世界的统一性为前提，又以个体内在的精神境界为指向，并在更实质的层面展示着个体之"独"：不管是"独悟"，还是"独志"，其个体性都得以突出。

因而，作为达道的方式，就"坐忘"与"心斋"的过程来看，二者都以作为个体的人的存在为本体论前提："坐忘"之"离形去知"、对闻见与心知的双遣以"自我"为承担者；同样，"听之以气"的"心斋"在对感性之"耳"、理性之"心"进行扬弃以净化个体内在精神世界的过程中，背后都隐藏着"自我"的存在。同时，"坐忘"与"心斋"对"学"以致道的否定，对直觉、体悟可以达道的确认，使得个体的得道过程具有"独悟"的性质，从而在更内在的层面上彰显出个体之独。

---

　　[1]　弗朗索瓦·于连：《圣人无意：或哲学的他者》，第101页。

第四章　通与独之间

如前所述，在分化的现实世界中，通与独之间既存在着张力，又相互依存、相互沟通，二者的关系更多地呈现为"独在通中"与"通在独中"的统一。与对通与独何以可能的追问相关，在庄子那里，对不同之物（"独"之个体）以何种方式走向通，亦即不同之物相互沟通的方式的思考更为具体，并展开为物与物之间、人与物之间、人与人之间这几个维度之中。

第一节　万物以不同形相禅

如前文所论及的，随着世界原始之在的分化，随之而来的是现实世界，"泰初有无无，有无名，一之所起，有一而未形，物得以生谓之德"（《庄子·天地》）。在已分化的现实世界中，万物呈现出不同的形态，多样化的物之形成以获得具体的规定（"德"）为前提，而作为多样之物存在根据的"德"来源于存在的终极本原"道"，从本体论的层面来说，呈现为多样形态的万物是得"道"以生的。对庄子来说，现实世界中具有界限的不同之物虽有着自身之为自身的本质规定而不同于他物，但物与物之间虽相互区别却并非相互孤立，而是相互沟通的。基于此，庄子对物与物之间相互沟通的方式作了思考。

一、立德明道[1]

具体而论，就静态来看，物与物之间的相互沟通体现在"立德明道"上。"德"作为物之存在形态多样性与独特性的根据，从内在本质的方面规定着某物之为某物的特殊性。与"道"之"无所不在"相应，作为"道"在具体之物中的体现的"德"亦具有"通于天地"的普遍性，这在所谓"通于天地者，德也"（《庄子·天地》）的论述中体现出来。同时，具体之"德"构成天地间一切存在物的内在本质，每一物均有自身之"德"并以此与他物相区别，庄子之"以德为本"（《庄子·天下》）既肯定了"德"所具有的具体性、现实性的品格，又确认了"德"所内蕴的对独特性的强调。虽然就整个现实之在来看，万物始终处于不断的变化之中，如"物之生也，若骤若驰。无动而不变，无时而不移"（《庄子·秋水》）。但这种变化在万物之间更多地表现为质变；而就一物从其"得以生"到生命的终结之间的历程来看，物虽变，但其变为量变而非质变，其更多的是该物在其存在的不同阶段所呈现出的外在形态的变化及附属性质的改变，而作为其内在本质规定的"德"却具有相对稳定性，并不随其外在形态或附属性质的改变而改变。因而，一物之"德"既使该物成为自身，又在其存在期间维持着该物之为该物的独特规定，以使它既能与他物相区别，又不至于质变为他物。就此而言，物之"德"构成了物之为物的内在本质，从而具有内在性、相对稳定性，在这一意义上，"不迁其德"（《庄子·在宥》）展现出的是天地间一切存在物在维持、守护其内在之"德"的前提下发展、变化，或者在普遍的物之变中保有自身的"独有"品格而不使自身转变为他物。

---

[1] 在这里，"立德明道"主要是就物与物之间的关系来立论的：物之"德"使物成为自身，并在物存在于世界的过程中维护着其自身，而每一物均有自身之"德"，这既在物物都以自身之"德"体现着统一之"道"的意义上相通，又在物物都以自身之"德"向统一之"道"复归的意义上相通。

然而，"德"作为具体之物得以化生的现实根据，既得之于道，体现着道，又返归于道。"物得以生谓之德……物成生理谓之形，形体保神，各有仪则谓之性，性修反德，德至同于初。"（《庄子·天地》）万物得"道"以生，依据其"德"呈现为不同的存在形态。物与物之间虽通过"德"的规定而相互区别，但天下万物均各守其自身之殊"性"，"不迁其德"，以维护大化流行之自然所赋予之"性"，从而向自然之"道"回归，所谓"德至同于初"即展示了具体之"德"以向统一之"道"的复归为指向。因而，物对自身之"德"的守护即是对"道"的澄明："故形非道不生，生非德不明，存形穷生，立德明道。"（《庄子·天地》）在此，具体、现实之"德"与形上之"道"达到了统一，"从本体论上看，'立德明道'意味着个体性的规定（"德"）确证着存在的根据（"道"）"[1]。在这一意义上，可以说，物之"德"作为物之为物的本质规定所具有的相对稳定性、物对自身之殊"性"的守护，超越了自身之"独"而走向物与物之间的沟通。从"道"的层面来看，物维护、保有自身之"德"既使自身"独"立于他物，又表现为对他物之"德"的"不迁"，因而，物在各为其自身的前提下，又在各物均体现着统一之"道"、并向之回归的意义上呈现出物与物之间的相互沟通。所以，就物而言，在一定程度上可以说，"德"作为具体之物存在的根据，它使物成为自身，从而构成了物与物之间能够沟通的前提[2]；同时，"德"与"道"相分而又统一的关系，赋予"以德明道"以可能性与现实性，并在每一物均以其"德"来澄明"道"的意义上沟通着物与物之间。

二、以不同形相禅

然而，就动态来看，物与物之间的沟通更多地呈现在"以不同形

---

[1]　杨国荣：《庄子的思想世界》，北京大学出版社2006年版，第163页。
[2]　如前文所论及的，若物与物之间没有分别，则物与物之间的沟通就没有存在的必要和意义。因而，通与独之间的沟通只能存在于分化的现实世界中，而不能在世界的原初之在中存在。

相禅"之上。如前文所论及的，庄子认为，分化的现实世界中的万物均"一"于"气"，所谓"通天下一气耳"(《庄子·知北游》)即从质料的层面确认"气"构成了天下万物，而"气"之"一"使得万物"一"；同时，庄子又强调现实之在"无动而不变，无时而不移"(《庄子·秋水》)，一直处于变化过程之中。可以说，"通天下一气"构成了物与物之间能够沟通的本体论前提，而天下"无时""不变"则使物与物之间的沟通从可能变为现实，后者在庄子如下论述中得到了体现："万物皆种也，以不同形相禅，始卒若环，莫得其伦，是谓天均。天均者，天倪也。"(《庄子·寓言》)如前所述，"形"作为个体的外在形态上的规定，表征着个体的存在，"不同形"则意味着不同个体的存在。"万物"在此指呈现为多样性、具体化的对象，而"以不同形相禅"则蕴含着不同个体之间的变迁，或者更确切地说，是一物发生质变，而成为另一物，就此而言，物与物之间的"相禅"即物与物之间的沟通。对此，宣颖说："各以其类，禅于无穷。"[1]庄子之以"始卒若环"来描述物与物之间的"相禅"，具有几层意蕴：其一，从构成"环"的各部分来看，"环"具有无隙性，由之以使物与物之间的相互传接呈现出无隙的特征，亦即连续性、非断裂性；其二，从"环"作为一个整体来看，"环"具有统一性、圆满性，而这意味着物与物之间的"相禅"从现实之在的整体或"通"的角度来看，亦具有圆满性；其三，从"环"之动来看，"环"无始无终、循环不已，这使得物与物之间的沟通亦具有循环的特征、无穷无尽的性质。质言之，其在总体上呈现出的是和谐、统一的存在形态，庄子用"天均"、"天倪"来表达在物与物之间"相禅"过程中所形成的统一性。

基于相同的思路，庄子认为从自然的角度来看，人与万物中的其他存在形态均为物，因而人之生、死与物之生、死一样，都是万物"以不同形相禅"的结果，如庄子在其妻死后，对生命存在的如下追溯便

---

[1] 陈鼓应:《庄子今注今译》(下)，中华书局1983年版，第731页。

具有较为普遍的意义："察其始而本无生,非徒无生也,而本无形,非
徒无形也,而本无气。杂乎芒芴之间,变而有气,气变而有形,形变而
有生,今又变而之死,是相与为春秋冬夏四时行也。"(《庄子·至乐》)
在这里,庄子用"变"来展示"不同形"之间的"相禅"。从自然的层
面来看,现实之在中万物之生,均源于原初之在的分化,而"气"虽
为"有"的一种形态,但它无疑是最为本原的"有",它作为万物形成
的质料,构成了天下"万有"之"形"。"形"从外在形态上表征着物之
"生",与之相对,物之"死"意味着物之"形"的消逝。就一物而言,
"生"意味着其秉承"气"而具有"形",由此该物得以存在;而"死"却
意味着"气"散而其"形"消逝,随之而来的是该物的不存在性。在
这一意义上,可以说,一物从"生"到"死"的过程是从量变到质变的
过程。

同时,就物与物之间来看,庄子认为一物之"死"却意味着他物之
"生":"子祀、子舆、子犁、子来四人……相与为友。……俄而子来有
病,喘喘然将死,其妻子环而泣之。子犁往问之……倚其户与之语曰:
'伟哉造化! 又将奚以汝为,将奚以汝适? 以汝为鼠肝乎? 以汝为虫
臂乎?'"(《庄子·大宗师》)子来之死,表明子来之"形"的消逝。但
是,构成子来之"形"的质料并没有消失,它可以"变"为"鼠"、"虫"
等自然之物的构成,"以汝为鼠肝"、"以汝为虫臂"即十分形象地表明
了这一点。从更广的意义上来说,构成天下万物的质料("气")是相
通的,一物在其死后,构成该物的质料又成为万物中之他物形成自身
的质料。而在庄子看来,物与物之间的这种"生""死"往复循环不已:
"生有所乎萌,死有所乎归,始终相反乎无端,而莫知乎其所穷。"(《庄
子·田子方》)因而,分化的现实世界中的每一物均有自身的存在价
值,并作为存在之链中的一环而存在。

对于庄子而言,物与物之间的相生、"相禅"如"环"般具有连
续性、循环性、统一性,这无疑既以物之"独"为前提,又超越物之
"独",通过使一物转化为自身之外的他物,他物复又转化为与其本

质上有差异的他物,如此一直循环下去,而使现实之在中的万物成为如链条般相互关联的存在,与这一过程相应,物亦由其"独"而走向"通"。

第二节　与物无际与不以物易己

如上所述,从自然的层面来看,人作为万物中的一物[1],通过自身与他物之间的相生、相禅,来实现人与物之间的沟通。以广义的存在为背景,人将自身从物之中提升出来,使物成为与自身相对的对象性存在,并在与物打交道的过程中具有主动性、主导性,以此为前提,人与物既呈现为彼此区别的存在形态,又展示着主体与对象之分,后者指向狭义的物我关系,即人与外部世界中对象的互动。与本体论立场上的物与物之间的相互沟通、转化相应,物我之间也呈现出"通而为一"的价值论内涵,所谓"物物者与物无际"(《庄子·知北游》)即展示了人以合于道的方式对物的作用过程最终使物我之间相通、相融。而物与我作为相互区别、彼此对待的存在,如何从相分走向相通,庄子对此作了相关考察,认为物与我之间的相互沟通具有着过程性的维度,它不仅涉及人对自身、他物之"知",而且包含着人应当如何"做"的要求,这二者之间往往彼此相关、相互交融,并具体体现在以言称谓物、"以意致"之上,同时须坚持"以德为本"的待物方式。

一、以言称谓物

庄子承认"名"与"言"是沟通人与物之间的一种方式。对于庄子来说,"名"与"言"既指语词,又指概念。与之相应,人既可用语词来指称物,又能用概念来表述世界。在庄子的"道行之而成,物谓之而然"(《庄子·齐物论》)中即确认了语词可以用来指称物,也就是说,

---

　[1]　在这一意义上,可以说人等同于物,人只是作为物的一种形态而存在。

通过以"名"或"言"来指称物,物得以被人分辨和把握。人对物的这种指谓、称谓将"名"、"言"与物联系起来,并使二者具有相互对应的关系。这在"名止于实"(《庄子·至乐》)的论述中得到了体现,"止"即限定,而"止于实"则意味着"名"不得越出"实"或偏离于"实",应与"实"严格对应,这既强调了二者应当以相符与一致为指向,又蕴含着"名"对于"实"的从属性,庄子以"名者,实之宾也"(《庄子·逍遥游》)对后者予以明确表达,张默生对此解释说:"名是实的宾位。"[1]也就是说,"名"作为"实之宾",从属于"实",应以"实"为准,力求合乎"实",并与之保持一致。以此为基础,庄子对"名"与"实"不相符合显然持否定的态度:"颜回问仲尼曰:'孟孙才其母死,哭泣无涕,中心不戚,居丧不哀,无是三者,以善处丧盖鲁国。固有无其实而得其名者乎?'"(《庄子·大宗师》)所谓"无其实而得其名",意为名不副实或有名无实,在此具体化为孟孙才所获得的外在声誉("善处丧")与其实际行为("哭泣无涕,中心不戚,居丧不哀")不一致,从更广的意义上来看,它意味着"名"与"实"之间的脱节,而庄子对此的质疑从反面展示了"名"与"实"应当相符、一致。

庄子对"名止于实"、"名"为"实之宾"的强调,肯定的是"名"与"实"("物")之间的对应性,这同时体现出不同的"名"指称着不同的"物",并暗含着"名"与"物"关系的相对确定性。正是基于此,庄子肯定"名"与"言"能够在一定程度上使外部世界中的对象得以指称、规定,并成为沟通人与物之间的一种方式。对此,杨国荣先生曾说:"从人与对象世界的关系看,言说又构成了联结二者的一个方面:物总是通过名与言而向人敞开。"[2]以广义的存在为背景,人以"名"、"言"称谓物,使物从本然、自在的形态进入人的视域,成为与人相对的对象性存在,并进入物我关系之中。因而,以"名""言"指称物的过程,被赋予沟通物与我的内涵。

---

[1]　陈鼓应:《庄子今注今译》(上),第20页。
[2]　杨国荣:《庄子的思想世界》,第123页。

　　但是，庄子认为"名"与"言"有着自身的限度，并将其作用对象及范围限定在"物"上。"言之所尽，知之所至，极物而已。"(《庄子·则阳》)从"名"与"实"的关系来看，"极物而已"意味着"名"与"言"仅仅能作用于特定之物，所谓"而已"即表明了"名"的这种限制；而从认识过程及认识结果来看，"极物而已"所强调的是人对外部世界的认识过程及所获得的经验之知无法超越具体对象，庄子将这一意义上的"知"称之为"小知"[1]。基于此，庄子认为"言"的作用对象是"物"，且只能是"物"，这在其对"物"与"虚"之分中得以明确表述："有名有实是物之居，无名无实在物之虚。"(《庄子·则阳》)具体世界中的"物"以实在性("有实")为其品格，并可以用"名"来指称("有名")；与之相对，作为道之体现的"虚"则缺乏实在性("无实")，亦无法用"名"来称谓("无名")。可以看到，庄子在强调"名"的对象是"物"的同时，又指出"名"与"道"的距离。如前文所论及的，现实世界中的"物"是作为一个又一个的个体而存在的，而"道"则既内在于物之中、又超越于物之外。在庄子那里，以"物"为对象的"名"内在地蕴含着"分"的维度：如上所述，"名"与"物"之间需严格对应，这种对应性显然是以不同的"名"分别地称谓不同的"物"为前提；同时，"名"与"物"之间的这种对应性又具有着相对稳定的特征，一旦用某一种"名"来指称某一"物"，则这种称谓就具有约定俗成的性质，从而相对确定下来。而"名"之分，则"蕴含着对存在本身的某种分离或分化：当人们以'名'指称不同的'物'时，浑而为一的世界也被区分为不同的对象。从人与世界的认识关系看，通过以'名'相分，存在的混沌性得到了扬弃，具体地把握世界成为可能；从世界本身的呈现方式而言，'一而未形'的统一存在则由此分化为各有

---

[1] 在庄子眼中，"小知"不只具有否定的意义，它作为"名"、"言"所表达的内容，有其存在的意义与价值。庄子所要强调的是，人不应执著于"小知"、停留在"小知"这一指向"物"的认识阶段，而应将其视为达到"真知"的一个阶段或一个环节，从而最终把握指向"道"的形上之知。

界限、与'名'相应的殊物或殊相。质言之,'名'使存在从统一走向分殊"[1]。因而,对于普遍内在于万物之中的统一之"道","名"显然无法把握,"万物殊理,道不私,故无名"(《庄子·则阳》)。"道"超越于万物而具有着普遍的涵盖性("不私"),"名"则指向特定之物,因而,"道""无名"。类似的思想同样体现在如下论述中:"道不可言,言而非也。知形形之不形乎,道不当名。"(《庄子·知北游》)与之相应,庄子认为"泰初有无无,有无名,一之所起,有一而未形"(《庄子·天地》),"泰初"即世界的原初形态,它以浑而未分为特点,展示着其统一之维,而"名"之"分"、"别"显然无法把握这种原初的统一形态,庄子之以"无名"来规定"泰初",即强调了这一点。

就"名"或"言"来看,庄子既肯定了其作为分化的现实世界中人指称物的方式,使物由人之外的自在对象进入"我"之视域,成为物我关系之中的存在,从而联结、沟通着物我;同时又将其作用对象及范围限定在个体之物上,使得"名"、"言"与统一之"道"形成了距离,这意味着在物与我的沟通过程之中,庄子将"名"、"言"视为较低阶段的一种方式。因为"在我们遣词造字的时候,我们的句子马上就吸收了它,将它局囿起来,让它变得僵化了"[2]。但是,这并不意味着必须"放弃一切指称关系,只是不能仅仅维系于这种指称。……圣人的智慧既不会陷入指称而不能自拔,也不会放弃指称"[3]。换言之,庄子既承认"名"、"言"在形式上对于物我的沟通作用,又在物我沟通的过程中将其置于较低的层次,从而使得物我的沟通不应停滞于"名"、"言"的指称,而应进入更为实质的方面。正如于连所指出的:"单是说还不够。……中国永远在寻求'不言'之言,寻求能让人产生联想,却毫无意谓的话,能令人看到,却什么也不表示的话。"[4]"因为,说就会中

---

[1]　杨国荣:《庄子的思想世界》,第126页。
[2]　弗朗索瓦·于连:《圣人无意:或哲学的他者》,第180页。
[3]　同上书,第193—194页。
[4]　同上书,第58页。

断,说就是阻碍。在面对作为客体的世界时,'话语'(在说到世界,并把世界作为客体的同时)与世界保持着超验性的关系,'无言'则能让人们看到内在性,能让内在性流露:圣人在不言的同时,让'显'而易见的事物自己倾注而出。"[1]

二、以意致

庄子认为,在以"名""言"的方式来分辨物、认识物、把握物之后,物我之间的沟通在实质的层面表现为人对"物"所体现的"道"的认识、把握。如前所述,普遍之"道"内在于万物之中,表现为"德",就"德"体现着"道"而言,对"德"的把握,意味着对"道"的澄明,"就认识论而言,'立德明道'则表明对存在根据的把握,离不开个体性的存在规定"[2],因而,对人而言,明物之"德"是得"道"的必然途径,庄子以"夫明白于天地之德者,此之谓大本大宗"(《庄子·天道》)表明了这一点。而对庄子来说,物之内在本质("德")可以"以意致",由此确认了"意"作为人与物之间进行深层次沟通的方式。

庄子首先将"意"与"名"、"言"区分开来:"语有所贵也,语之所贵者,意也。……故视而可见者,形与色也;听而可闻者,名与声也。悲夫!世人以形色名声为足以得彼之情。"(《庄子·天道》)对庄子来说,"语"与"言"大致处于同一序列,"意"指"语"或"言"所具有的含义,而"语之所贵者,意也"则强调含义在名言中的主导地位。在此,"语"或"言"作为符号,具有外在性,它既可呈现为形,人"视"之"可见",又可表现为声,人"听"之"可闻";而"意"作为"语"之内涵则具有内在性。

在对外在之"言"与内在之"意"进行区分之后,庄子又对"言"与"意"的作用进行了考察:"夫精粗者期于有形者也,无形者数之所不能分也;不可围者数之所不能穷也。可以言论者,物之粗也;可

---

[1] 弗朗索瓦·于连:《圣人无意:或哲学的他者》,第93页。

　[2] 杨国荣:《庄子的思想世界》,第163页。

以意致者,物之精也。言之所不能论,意之所不能察致者,不期精粗焉。"(《庄子·秋水》)如前文所论及的,"名"与"言"可使人与物之间达到初步的沟通,而在庄子看来,这种沟通限定于"物之粗"之上。"物之粗"指物所具有的外在的感性形态,"言"可以对之加以指称或讨论;而"物之精"则指物所内含的本质性规定,可以通过"意"达到。在这里,"意"显然不限于"语"或"言"的内在含义,而具有意念或心的理解、体悟之义,"以意致"即通过心的理解、体悟来把握物的内在本质。从物我关系的角度出发,如果说"意"作为"语"或"言"的含义,尚具有一定程度上的客观性,并较多地指向物;而其作为意念或心之所悟,无疑与主体有着更为紧密的关联,并更多地表现为个体的主观性。但是,需要注意的是,这种主观性基于物之"德",与完全依靠主体自身想象而凭空捏造的主观性有着质的区别。对于庄子而言,可以"言论"的是"物之粗",可以"意致"的是"物之精"。换言之,物的内在本质无法以名言的方式去把握,它作为心之所悟("意")的内容,具有超乎名言之域的特征。在此,庄子在承认"言"之"显"与"意"之"隐"的基础上,又确认了人与物之间实质层面的沟通可以通过"意"来实现。[1]

　　通过"以意致"把握物之内在本质,这在轮扁斫轮的寓言中得到了清晰的展示。关于"斫轮",丁展成说:"斫轮者,斫轮孔也。《说文》:'有辐曰轮,无辐曰轮。'斫轮'徐则甘而不固',言斫轮孔大则辐易脱。……'徐'有舒义。此谓:轮孔阔也。'疾则苦而不入',言斫轮孔小则辐不得入。"[2]"斫轮"作为人的实践活动,展示着人对车轮的作用过程,在整个过程中,人与车轮之间的沟通从较为初级阶段的或

---

[1]　对于庄子来说,"不期精粗"者即具有统一性、普遍性之道,它内在于万物之中而又超越于物之外。就其内在于万物之中表现为物之"德"而言,它显然是可以通过"意"而致的;但就其超越于物之外,作为存在的终极本原而言,它确是"言之所不能论,意之所不能察致者",也就是说,它既非"言"可指称、讨论,也非"意"所能达到。

[2]　陈鼓应:《庄子今注今译》(中),第358页。

"徐"或"疾",逐渐走向"不徐不疾"、"得手应心"的阶段。就或"徐"或"疾"的阶段来说,人与车轮虽存在着沟通,但显然未达到较为理想的层次,"徐"即宽,由之而来的是滑("甘"),它与速度上的"慢"相关,与之相对,"疾"意为"紧",由之而来的是涩("苦"),它则与速度上的"快"相联系,二者所引向的结果要么是"不坚",要么是"难入",对此,林希逸曾说:"宽则甘滑易入而不坚,紧则涩而难入。"[1]无论是就行为过程来看,还是就行为结果来看,或"徐"或"疾"的斫轮都难以指向理想的形态,庄子以"甘"、"苦"这种表述感受性的词汇对此加以形容即强调了这一点。

相对于或"徐"或"疾"的斫轮活动,"不徐不疾"、"得手应心"的阶段则展示了斫轮这一行为过程的完美性。就具体的行为方式而言,这意味着轮扁作为斫轮的主体、行为的施动者,必须要掌握好适度的原则,否则就会或"徐"或"疾",从而造成斫轮的失败(或"不坚",或"难入")。而在斫轮的过程中,要想达到"不徐不疾",就必须针对每一车轮的具体情形(比如车轮的圆周大小、宽度等),在恰当的时机选择恰当的斫轮方式,只有这样,斫轮才会实现"不徐不疾"的完美状态。正如亚里士多德所说"要对适当的人、以适当的程度、在适当的时间、出于适当的理由、以适当的方式"[2]去做事,才能够做到适度。只是在亚里士多德那里,适度是作为道德德性而存在的,而轮扁斫轮的适度则是一种摒弃了意图、目的,自然而然的状态。

显而易见,轮扁作为实践活动的主体,从一开始斫轮时的或"徐"或"疾",到"不徐不疾"的完美状态,其间必然具有着过程性的维度。也就是说,对于轮扁而言,"不徐不疾"的适度状态不是一下子就能够达到的,它无疑要从或"徐"或"疾"的过去,渐渐进展到"不徐不疾"的现在,以至将来。然而,一方面,只有经过斫轮过程中或"徐"或"疾"的过去阶段,才能够达到现在的"不徐不疾"的适度状态。与

---

[1] 陈鼓应:《庄子今注今译》(中),第 358 页。
[2] 亚里士多德:《尼各马可伦理学》,廖申白译注,商务印书馆 2003 年版,第 55 页。

此相联系，亚里士多德曾正确地说："我们有时要偏向过度一些，有时又要偏向不及一些，因为这样才最容易达到适度。"[1]另一方面，现在的"不徐不疾"的适度状态又为将来的适度状态提供了担保。换言之，轮扁斫轮的过程中，所出现的或"徐"或"疾"的状态，属于过去之域；"不徐不疾"的适度状态，属于现在之域；而现在的"不徐不疾"对于轮扁而言，又担保着其在未来斫轮的适度，因此，斫轮又指向了未来之域。轮扁斫轮作为一个过程而展开，"不徐不疾"的完美状态显然包含着实践活动主体的三个维度：过去、现在、未来。

而对于轮扁来说，斫轮活动达到"不徐不疾"的完美状态，意味着在斫轮时就会"得之于手而应于心"。对于"得之于手而应于心"，杨国荣先生说："'得手应心'是手与心之间的默契，这种默契并不是通过斫轮过程中有意识的计划、安排而实现的，相反，在试图借助人的努力以达到手与心之间的协调、配合时，行为往往难免艰涩、生硬。"[2]换言之，当实践活动的主体试图有意识地使手与心之间相协调时，或者说，当斫轮的主体有意而为之时，斫轮反而会陷入或"徐"或"疾"的状态。

这种思想同样体现在庖丁解牛的寓言之中："庖丁释刀对曰：'臣之所好者道也，进乎技矣。始臣之解牛之时，所见无非全牛者。三年之后，未尝见全牛也。方今之时，臣以神遇而不以目视，官知止而神欲行。……良庖岁更刀，割也；族庖月更刀，折也。今臣之刀十九年矣，所解数千牛矣，而刀刃若新发于硎。'"（《庄子·养生主》）对庄子来说，庖丁解牛的实践活动，展示着由"技"而"进乎""道"的过程，这一过程是对有意而为之的扬弃，"庄子借庖丁之口，提出了'技进于道'的论点"，"这里的'技'，属人为之'术'，'道'则是自然的法则"，"'技'作为人的能力的具体体现，其作用主要表现为处理实践中的问题（事），这一处理过程（事）以适宜或适当（义）为目标，达到适宜或

[1] 亚里士多德：《尼各马可伦理学》，第57页。
[2] 杨国荣：《庄子的思想世界》，第47页。

适当的前提在于把握对象的具体规定（德），这种具体规定又是道在不同事物中的体现，而道本身则表现为自然（天）的法则。这样，由'技'而进于道，归根到底也就是从有意而为之的人为之'术'，提升到合乎自然之道（天）的存在之境"[1]。换言之，无论是轮扁在斫轮过程中从或"徐"或"疾"的状态，走向及达到"不徐不疾"的状态，或者庖丁在解牛过程中从"技"走向"道"，都是行为主体超越了自身的有意为之，从而使主体的作用达到适度、完美的境界，而"有数存焉于其间"中的"数"即是这种完美境界的体现。在这里，可以看到，"通过化'人'为'天'或'人'的自然化，使人的精神世界及实践能力转化为天人交融意义上的第二天性或第二自然，这种'自然'并非简单地否定自觉，而是包含自觉而又超乎自觉，它既具有与人同'在'的本体论意义，又表现为知行相融并合于道的实践智慧"[2]。正因为"不徐不疾"的斫轮过程、已"进乎道"的解牛过程已经超越了主体的有意而为之，达到了合于自然的境地；对于作为近于道之"数"，主体能够以心默会、体悟，它已内化于实践主体之中，作为与实践主体为一的存在形态。这无疑为轮扁未来斫轮的"得手应心"、庖丁未来的解牛"依乎天理""因其固然"提供了坚实的担保。

基于同样的思路，庄子论述道："工倕旋而盖规矩，指与物化而不以心稽，故其灵台一而不桎。忘足，履之适也；忘要，带之适也；知忘是非，心之适也；不内变，不外从，事会之适也。"（《庄子·达生》）在此，工倕是传说中尧时代的工匠，以巧艺而著名，"旋"即以规画圆。对于工倕来说，以规画圆的过程已经超乎（"盖"[3]）对规矩、程式的机械依循，呈现出"指与物化"的特点，即手的活动完全与对象之物融合、贯通而为一，不需要借助于行为主体之有意的计量、思虑（"不

---

[1] 杨国荣：《庄子的思想世界》，第41页。
[2] 同上书，第48页。
[3] "盖"，即超过之义，林云铭说："'盖'，犹过也。"（陈鼓应：《庄子今注今译》（中），
　　第493页）

以心稽"）。对此，徐复观先生说："指与物化，是说明表现的能力、技巧（指），已经与被表现的对象，没有中间的距离了。这表现出最高技巧的精熟。"[1]显然，工倕的活动已经超越了"技"的层面，而近乎"道"之境。然而，"指"与"物"两忘而为一却在于画圆的实践过程自然而然、不假思为，因而，工倕的内在精神世界合而不窒（"灵台一而不桎"）。同样，只有在摒弃（"忘"）足与履、腰与带之分时，即不刻意注意履与足、带与腰是否相适合时，它们之间才会呈现出通而为一（"适"）的状态。

在实践活动中，庄子对行为主体有意而为之的扬弃，对事物内在之德的依循，在某种程度上近似于黑格尔关于"理性的机巧"的思想。在黑格尔看来，"理性是有机巧的，同时也是有威力的。理性的机巧，一般讲来，表现在一种利用工具的活动里。这种活动一方面让事物按照它们自己的本性，彼此互相影响，互相削弱，而它自己并不直接干预其过程，但同时却正好实现了它自己的目的。"[2]也就是说，"理性的机巧"具体地表现在人的实践活动之中，主体在这一实践过程中并非任事物自在自为而自身毫无所为，相反，其以自身的目的为导向，展开为"利用工具的活动"。但值得注意的是，行为主体是在遵循事物固有本性的前提下展开自身的活动，而不是强行改变事物的内在本性或横加干预事物自身的发展过程，以使其符合主体自身的要求。因而，黑格尔所谓"理性的机巧"，表现为合目的性与合规律性的统一：在主体的行为导向上，具有合目的性；在行为实施过程中，具有合规律性。而在庄子那里，人的实践活动的展开，既要在行为过程中摒弃刻意而为，又要依循对象的内在之性，从而使人的活动呈现出自然而然、与道合一的状态。就此而言，庄子的思想无疑近于黑格尔的"理性的机巧"。

可以看到，"'指与物化而不以心稽'与'不徐不疾'、'得手应心'，意味着外在的'技'与'术'以及各种普遍的规范、程式已内化为个体

---

[1] 徐复观：《中国艺术精神》，华东师范大学出版社2001年版，第76页。
[2] 黑格尔：《小逻辑》，贺麟译，商务印书馆1980年版，第394页。

的存在形态，这种存在形态不再仅仅体现于观念的、精神的层面，而是呈现为与人为一的内在规定"[1]。也就是说，轮扁斫轮的实践过程、庖丁解牛的过程以及工倕以规画圆的过程均以其自身之在为出发点，从或"徐"或"疾"进展到"不徐不疾"、由"技"至"道"这一过程亦体现于行为主体（如轮扁、庖丁、工倕）之在世过程中。相应于轮扁斫轮、庖丁解牛、工倕以规画圆过程中由"技"至"道"的变化，以默会、体悟的方式（"以神遇"）所得之"数"内化于实践主体之中，成为与实践主体为一的存在形态，而轮扁、庖丁、工倕作为实践活动的主体亦从不自由的状态（受制于斫轮、解牛、画圆之规矩、规范）过渡到自由的理想状态（自然而然而为）。因而，无论是斫轮活动中的"得手应心"、解牛活动时的"恢恢乎其于游刃必有余地"（《庄子·养生主》），还是画圆时的"指与物化而不以心稽"，物我之间在实质的层面上实现了沟通：人在此没有被斫轮、解牛、画圆等活动异化，而是把握到实践过程中的内在之理，并得之于手而应于心，展示出行为的完美性与自得性，而在实践过程中，行为主体升华了自己，超越了自己，达到了与道为一的自由之境，这无疑是人物之间相通的最好例证。

而在由"技"至"道"的过程中，可以清楚地看到庄子对从人为走向自然的强调，所突出的无疑是自然的原则。与之相对，儒家的基本价值取向则是注重仁道原则，突出自然的人化、社会化过程，如孔子已经深刻地认识到了自身与自然的不同，因而说："鸟兽不可与同群，吾非斯人之徒与而谁与？"（《论语·微子》）很显然，孔子在此以无可置疑的态度对人文予以肯定。但是，在孔子那里，对仁道原则的突出并不意味着对自然原则的忽视，这在"唯天为大，唯尧则之"（《论语·泰伯》）中得到了体现，孔子的"则天"并不意味着具备文明化、社会化特征的个体要从文明的社会回复到自然的状态，毋宁说，它的意义旨在强调不应当把仁、礼之类的社会规范，衍化为压抑人的律

[1] 杨国荣:《庄子的思想世界》，第47—48页。

令，从而使得仁道原则不至于蜕变为外在的、人为的强制。可以说，孔子对仁道原则、自然原则给予了双重的确认。相形之下，庄子对有意而为之的扬弃，注意到了在实践主体的行为过程中意图、目的所带来的某些消极的方面，但同时却又忽视了主体有意识的行为对实践过程的积极意义，从而突出、强调了自然原则的内涵。

对庄子而言，在与物打交道过程中追求自然而然的状态，这无疑是以自然为理想的存在形态，而这一意义上的自然则基于分化的现实世界。如前所述，在分化的现实之在中，自然以多样、差异为题中应有之义，如在形态各异、大小不同之万物中，每一物都包含自身独特的个性与殊性规定，都作为自然形态的事与物而存在，在此意义上，自然无疑隐含着对存在的多样性、差异性、个体性的承诺；同时，自然又具有通的内涵：在存在根据的层面，"道"之普遍性赋予现实之在以通的特征；在质料的层面，"气"作为万物通的根据使现实之在通而为一。在庄子那里，自然既意味着对多样性、差异性存在的肯定，又不局限于多样性和差异性，而是在多样性和差异性背后蕴含着对统一性的关注。因而，庄子对自然而然状态的追求、对自然原则的强调，是在承诺存在的特殊性与个体性的基础上，从存在的多样、差异所彰显的分离走向存在的统一，这同时上接了通与独之间这一理论主题，既体现了庄子对通之维的注重，又具体地展示出其对于通与独之间的沟通。

三、以德为本[1]

在庄子那里，轮扁斫轮、庖丁解牛的实践活动中，行为主体确实

---

[1]　在此，"以德为本"是就人与物之间的关系来立论的，主要涉及的是人应该以何种方式待物，或者说在物我之间，人应该如何做才能实现物我之间的沟通这一问题。基于此，"以德为本"既涉及行为主体，又包含着行为对象。分析而言，在人与物打交道的过程中，对行为主体即人来说，"以德为本"体现在"不以物易己"，从而维护自身之独；对行为对象即物来说，"以德为本"表现在"不迁其德"或者说在行为过程中尊重、顺应物之"德"。因而，在人与物之间，作为待物方式的"以德为本"，其最终导向的是物我之间的沟通，从而不同于上一节"立德明道"部分中关于物与物之间就"德"体现、确证着"道"，并向统一之"道"复归意义上的物与物之间的沟通。

通过"意"把握了物之内在本质性规定，从而使人与物达到了实质上的沟通。就时间层面来说，这种沟通既呈现为当前的状态，又指向着未来之域，如庖丁在其解牛活动结束之后，"提刀而立，为之四顾，为之踌躇满志，善刀而藏之"（《庄子·养生主》）。在此，对于解牛者来说，既有解牛活动中物我相通所致的精神上的充实与完善，又有对未来解牛活动的期许，所谓"踌躇满志"、"善刀而藏之"都指向了未来之境。就物我之间来看，当前呈现出的人与物之间的沟通，无疑作为未来之域中二者相互作用的前提而存在，并在一定程度上担保着二者在未来向度的沟通。但是，对庄子来说，无论是当前状态下所实现的物我沟通，还是物我之间在未来层面的交融，都必然地指向对物之"德"的尊重、维护。

从更广的意义上来说，人与物之间从整体来看呈现为一个过程，要想实现并持续地维护物我之间在实质层面的沟通，必须坚持"以德为本"的待物方式。所谓"以德为本"（《庄子·天下》），如前文所论及的，就物而言，"德"作为具体之物存在的根据，它构成了物之为物的本质规定，并使物成为自身而"独"立于世界。因而，就物我关系而言，"以德为本"在人与物打交道的过程中有着两重内涵：其一，从物的角度来看，人要把握物，则应尊重其"德"，并以"德"为依据，因为"德"作为每一物所特有的本质规定，彰显着其有别于他物的殊性，只有以其"德"为本，才有可能从本质上认识物、把握物。

在此基础上，庄子对以人为的方式改变物之"德"的做法持批评的态度，"牛马四足，是谓天。落马首，穿牛鼻，是谓人。故曰：无以人灭天"（《庄子·秋水》）。所谓"无以人灭天"即表明了对以人为的方式去改变物之本然之性的否定态度。在庄子看来，牛马之类的对象有着自身的本然之性，亦即自身之"德"，对待这一类的对象，需要尊重其本然之性，而非以"落马首"、"穿牛鼻"等人为的方式去改变其存在形态并毁灭其自性。这种思想同样体现在如下论述中："且夫待钩绳规矩而正者，是削其性也；待绳约胶漆而固者，是侵其德也。"

（《庄子·骈拇》）这里，"钩绳规矩"、"绳约胶漆"，既表现为改变物之本然之性的人为手段，又作为忽视物之个体规定的普遍模式，以之去待物，其结果必然是戕害物所具有的独特规定，从而使某物不再是其自身，甚至是使之不能得以生存。这在如下的寓言中得到了鲜明的体现："昔者海鸟止于鲁郊，鲁侯御而觞之于庙。奏九韶以为乐，具太牢以为膳。鸟乃眩视忧悲，不敢食一脔，不敢饮一杯，三日而死。此以己养养鸟也，非以鸟养养鸟也。夫以鸟养养鸟者，宜栖之深林，游之坛陆，浮之江湖，食之鳅鲦，随行列而止，委蛇而处。彼唯人言之恶闻，奚以夫譊譊为乎！咸池九韶之乐，张之洞庭之野，鸟闻之而飞，兽闻之而走，鱼闻之而下入，人卒闻之，相与还而观之。鱼处水而生，人处水而死，彼必相与异，其好恶故异也。"（《庄子·至乐》）在此，"鸟"作为与人相对的具体对象，具有其独特的个性规定，这之中同时包含着其所需的生存环境和生存条件。只有在相应的生存条件下，"鸟"的生命存在才能得以维持。鲁侯的"以己养养鸟"即无视"鸟"所具有的个性特点，以人为的方式改变"鸟"的存在条件，最终导致其"三日而死"的消极后果，就此而言，"以己养养鸟"即以自我之观点出发去对待物；与之相对，所谓的"以鸟养养鸟"即人对待"鸟"时，应尊重其所具有的独特的个性特点，并顺任其自然之"德"，唯有如此，"鸟"才能既进入物我关系之中，又维持着自身之为自身的本质规定。

从更广的意义上来看，在物我关系中，与人相对之物在外在形态、内在本质上均有其特殊性，这就要求人在与物打交道的过程中，充分尊重并维护物之个性差异，所谓"不迁其德"（《庄子·在宥》）即表明人在待物过程中，不应改变物之为物的内在本质，对于庄子而言，每一物所具有的特定之"德"，既构成了物自身的本质规定，又使物能与他物区别开来，所谓物与物之间"必相与异"，即强调了这一点。然而，人如果无视物之独特性，则往往会导致负面的后果。因而，从物的角度来看，"以德为本"意味着人在待物过程中，应以尊重物之"德"为出发点，而不应以己意强加于物之上，使物之为物的本质规定得到改变或毁灭其存在。

其二，从人的角度来看，"以德为本"意味着在物我关系中维护作为主体之"我"的个体性规定，"不以物易己"（《庄子·徐无鬼》），不使自我的内在价值失落于对物的追求。如前所述，人作为分化的现实世界中的存在形态，如物一样，具有自身之"德"，并表现在"形"与"神"两个方面，这两个方面都挺立着人之"独"。而人与物的相互作用，无疑是以人与物的相互独立为前提，否则人与物之间的相互作用就无从谈起。基于此，在与物打交道的过程中，作为主体之"我"的内在本质的挺立与完善成为题中应有之义，庄子以"物物而不物于物，则胡可得而累邪？"（《庄子·山木》）表明了这一点。就此而言，庄子一再对"以物易己"的现象提出批评，并把"丧己于物"（《庄子·缮性》）之人称之为"倒置之民"（《庄子·缮性》），这既是对沉溺于物之中而丧失自身内在本质之人的批评，又表达出守护自我之独立的重要。

与庄子眼中的"倒置之民"相似，在当今社会中有许多"某某控"之人，诸如"电脑控"、"手机控"等等，这里的"控"即被支配、被控制、被异化之意，成为"某某控"意味着某人被某物所支配，而失去了自身之独。较为严重的"某某控"者一旦离开该对象，便感觉到自己不知该如何生活或者觉得自身的生活无法继续，这就是其沉溺于物之中而使自我之内在本质得以消解的例证。而庄子在其所处的时代对于"丧己于物"的批评显然有见于对物的过分依赖会导致自我之独的丧失。

因而，对于庄子来说，在人与物相互作用的过程中，无论是以人为的方式"侵"物之"德"，还是"以物易己"，二者都不是指向物我之间的沟通，而是或戕害物所具有的个性规定、或使人沦为物的附庸以致"我"的消解。就此而言，庄子对"以德为本"的强调既蕴含着要尊重作为对象的物的内在特性，又体现出须守护作为主体的"我"的本质规定。在这一意义上可以说，人与物打交道既不能以己意强加于物，又不能"以物易己"，只有这样，才能使人与物在维护自身之"德"的同时实现二者的沟通。在庄子眼中，庖丁解牛的过程即为最好例证："方今之时，臣以神遇而不以目视，官知止而神欲行。依乎天理，批大郤，导大窾，因其固然。技经肯綮之未尝，而况大軱乎！"（《庄子·养生主》）当庖丁解牛的过程达到"以神遇而不以目视"的阶段时，他仍需尊重牛之自性："天理"、"固然"即是牛自身所具有的自然之性，它们作为牛之"德"的体现，构成了牛之为牛的本质规定；而"依乎天理"、"因其固然"则表明庖丁在解牛过程中依循着牛的这种内在之性，所谓"依"、"因"即强调实践主体不能以己意改变物之"德"；同时，庖丁作为实践主体，其自身未尝受到物之支配、制约，相反，随着与物之间的沟通进展到较为实质的层面，其所具有之"德"得以挺立与完善，庄子以庖丁解牛活动结束之后"为之踌躇满志"（《庄子·养生主》）表明了这一点。因而，在人与物相互作用的过程中，行为的完美性基于对二者之"德"的尊重及维护：从物的角度来看，若无"德"可依、可因，则人的实践活动便无从展开，正是物内在蕴含的"德"，为人对物的实践活动提供了所以可能的前提；从人的角度来看，若无"神"（"德"的一个方面的规定）彰显着人独立于物而存在，则人作为行为主体就无从谈起，正是人之"神"，使得人认识、把握外部世界得以可能。

　　在人与物交往过程中，庄子对"以德为本"的强调及对实践活动中"得手应心"状态的肯定，与海德格尔的看法不无相通之处。在海德格尔看来，"日常在世的存在我们也称之为在世界中与世界内的存在者打交道"[1]，"打交道一向是顺适于用具的，而唯有在打交道之际用具才能依其天然所是显现出来。这样的打交道，例如用锤子来锤，并不把这个存在者当成摆在那里的物进行专题把握，这种使用也根本不晓得用具的结构本身。锤不仅有着对锤子的用具特性的知，而且它

_____
[1]　海德格尔：《存在与时间》，第78页。

还以最恰当的方式占有着这一用具。在这种使用着打交道中……对锤子这物越少瞠目凝视，用它用得越起劲，对它的关系也就变得越源始，它也就越发昭然若揭地作为它所是的东西来照面，作为用具来照面。锤本身揭示了锤子特有的'称手'，我们称用具的这种存在方式为上手状态。只因为用具不仅仅是摆在那里，而是具有这样一种'自在'，它才是最广泛意义上的称手和可用的。仅仅对物的具有这种那种属性的'外观'做一番'观察'，无论这种'观察'多么敏锐，都不能揭示上手的东西。"[1]也就是说，与物打交道既要"依其天然所是""顺适于用具"，又不能局限于对物所具有的纯粹理论形式层面的"知"，而应在实际的行动中以恰当的方式展示与物关系的"源始"性，所谓"称手"、"上手状态"即表明了这一点。可以看到，就物我关系而言，庄子注重"德"的规定，肯定物我之间的融通以主体对自身、他物的内在本质的认识为基础，并最终实现于主体日常的实践活动之中，这一思想显然与海德格尔的如上看法有着相似之处。

同时，在庄子那里，"以德为本"的待物方式又内在地蕴含着考察物之"变"的要求。也就是说，人与物打交道，既要"以德为本"，维护具有相对稳定性的物之"德"，又要注意到物在不同阶段所呈现出的"变"，并相应地调整与之相适合的方式。如前文所引述的，"物之生也，若骤若驰。无动而不变，无时而不移"（《庄子·秋水》）。在经验世界中，个体之物一直处于发生、发展、消逝的变化过程之中，物所具有的"变"[2]的特性，决定了人与物打交道的过程，在尊重、维护物所具有的本然之性的同时，还要注意其变化，并随之调整至相应的方式来对待它。"彼来，则我与之来；彼往，则我与之往；彼强阳，则我与之强阳。"（《庄子·寓言》）在此，物之"变"呈现为"来"、"往"、"强

---

[1] 海德格尔：《存在与时间》，第81—82页。
[2] 在此，物之"变"指物在自身范围内的变化，即一物在其存续期间，从一阶段向另一阶段的变化，或者从一种形态向另一种形态的变化；而不是指物与物之间的转换、变迁。

阳"等运动, 而"与之来"、"与之往"、"与之强阳"表明"我"依据物之
变化, 随物而应。也就是说, 在"我"与"彼"打交道的过程中,"我"
待物的态度、方式完全由物("彼")来决定,"我"既不以己意强加于
物, 又不显己意。这一过程显然以悬置"我"的意向、意欲为前提, 而
己意的悬置意味着对人有意而为之的扬弃。在此, 随物而变的只是
"我"待物的方式, 而"我"之内在本质则没有丝毫改变, 毋宁说, 待物
方式的自由选择亦是"我"之独立性的表明; 同时,"我"只是随"彼"
之变而"与之", 并没有以己意去迁物之"德"。因而,"彼"与"我"之
间能够相互沟通, 并且使双方都得到了安顿。对此, 庄子称之为"与
物穷", 而与之相反的, 则是"与物且":"与物穷者, 物入焉; 与物且
者, 其身之不能容, 焉能容人?"(《庄子・庚桑楚》)在庄子看来, 所
谓"与物穷", 即人能够尽物之性而与物相通, 因而"物入焉";"与物
且"即人与物之间龃龉, 由此人自身难以获得合适的定位。庄子对后
者持否定的态度, 其所导向的显然是物我关系上的相通、相融。

　　这在庄子对其理想人格形态的描述中得到了鲜明的体现:"夫至
人有世, 不亦大乎? 而不足以为之累, 天下奋棅而不与之偕, 审乎无
假而不与利迁, 极物之真, 能守其本。"(《庄子・天道》)与常人一样,
至人存在于分化的现实世界, 他也与物打交道, 但却能够达到"与物
无际"的通之境: 他既指向物的真实根据("极物之真"), 又在不被外
物支配、制约("不足以为之累")的同时, 保持着自我的"独有"品
格("不与之偕")。对庄子来说, 至人之所以能达致物我之通, 原因在
于:"至人之用心若镜, 不将不逆, 应而不藏, 故能胜物而不伤。"(《庄
子・应帝王》)所谓"用心若镜", 表明至人是直观对象而不改变对象
的本然形态, 而"不将不逆"、"应而不藏"都是顺应对象内在之性的自
然展开, 以如其所是的方式去认识外部世界, 唯其如此, 至人既从内
在本质上把握了外部世界, 又守护了自身之在("胜物而不伤")。

　　显然, 物我之间的通而为一作为个体达道的一个方面的体现, 既
以存在之通为本体论的前提, 又涉及行为主体自身的选择。在庄子那

137

里，从本体论上来看，物我作为分化的现实世界中的存在形态，本就通而为一；而从认识论的角度来看，如何扬弃物我之间的分别，从物我相分走向物我相通，这主要取决于"我"的存在境界及由之而来的观物视域、待物方式等。换言之，得道之境作为人的理想形态，又表现为人的一种可能形态，而这种可能能否实现，则基于主体自身的选择。就物我之间来看，物与"我"具有着通而为一的可能，本可达致彼此交融的通之境，但二者能否达到这一状态，在于"我"自身的选择，而"我"之选择则由自身的存在形态所决定。如庄子在庖丁解牛的寓言中所表述的"良庖"、"族庖"与庖丁的区别："良庖岁更刀，割也；族庖月更刀，折也。今臣之刀十九年矣，所解数千牛矣，而刀刃若新发于硎。"（《庄子·养生主》）这里，庄子以刀喻人，在他看来，"良庖"、"族庖"的待物方式（"割"、"折"）表明其未能达到与物的相通，因而连自我的存在亦会受到损害（"岁更刀"、"月更刀"）；而庖丁则"依乎天理"、"因其固然"，以"刀刃"之"无厚"入"节者"之"有间"，达到了"游刃有余"的物我之通：在其解牛过程中，物之本性得以尊重，自我的存在不仅得以保全，亦彰显出其逍遥之态。在此，"良庖"、"族庖"与庖丁不同的待物方式导致了"与物且"、"与物穷"的不同结果，而待物方式的不同则折射出行为主体在存在形态上的根本差异。在庄子看来，庖丁解牛时能达到物我通的逍遥之境，亦经历了一个过程："始臣之解牛之时，所见无非全牛者。三年之后，未尝见全牛也。方今之时，臣以神遇而不以目视，官知止而神欲行。依乎天理，批大郤，导大窾，因其固然。技经肯綮之未尝，而况大軱乎！"（《庄子·养生主》）也就是说，人人都有得道的可能，但人究竟会达到何种存在形态，尚未预定，不同的个体作为可能之"在"，可以朝不同的方向发展，可以达致不同的存在境界，正如"良庖"、"族庖"与庖丁所展示的不同的存在境界，及由之而来的待物方式的不同。就此而言，庄子的这一思想与海德格尔、萨特等存在主义哲学家的看法有相似之处。在海德格尔、萨特看来，人不是既定的存在，其当前的存在形态是通过自身的选择、筹划,并经过一定的过程才形成的。对于存在主义来说,人走向何方,是由人自身来选择、筹划的,并非先天预定。与之相似,庄子虽然对个体有意而为之的选择、谋划持否定的态度,但他却在一定程度上承认了人自身的选择,如在观物的视域上,可以选择"以道观之"或"以物观之"、"以俗观之"[1];在待物方式上,可以选择"以德为本"或"迁其德"。这使得物我之间的交融、沟通在某种程度上体现为个体自身选择的结果:这种选择一方面以个体的存在形态为前提,并受其制约;另一方面,又影响着其存在形态在未来之域中的展现。

因而,对于庄子来说,要实现并维护人与物之间的沟通,要经历如上的几个阶段:以言称谓物使物进入物我关系之中,在较低的层次上或者在形式上使物与我达到初步的沟通;物之为物的内在本质可以"以意致",使得"意"成为物与我之间进行实质层面沟通的方式。同时,在人与物打交道的整个过程中,"以德为本"的待物方式须贯穿始终,对物之"德"的关注,在更深层次的意义上指向对"道"之得,这无疑为"言"与"意"能够实现对人与物的沟通提供了担保。在庄子的如下论述中,这一思想得到了清晰的展示:"知道者必达于理,达于理者,必明于权,明于权者,不以物害己。"(《庄子·秋水》)在人与物之间,实现二者实质层面的沟通,即意味着对道的把握("知道"),而物之"理"作为"德"的深层形态,是道在具体之物中的体现,就此而言,对物之"理"的体认在一定程度上表征着对"道"之"知"。而在人与物打交道的过程中,以"言"与"意"的方式来沟通物我,既要"不迁其德"("循乎道"),又要考察物之变("明于权"),并依据物所处的具体阶段、存在情景采取与之相适合的行为方式。在循道与明权的结合下,才能使物为我所用,而我不被物所累,在保持自身之"独"的同时实现物我之间的相通。

---

[1]　庄子虽然对"以物观之"、"以俗观之"持批评的态度,但显然承认这两种观的方式的存在。

第三节　群于人与不失己

从广义的对象世界引向社会之域，"我"与人的关系便展开于现实的社会关系之中，它既指向自我与他人之间，又兼涉宽泛意义上的人与人之间。如前所述，庄子以"有人之形，故群于人"（《庄子·德充符》）确认了在世之人与他人之间共处的必然性，而共处则内在地蕴含着人与人之间的交往，这意味着人与人作为相互独立的个体由"独"而走向"通"。与物我关系上扬弃物我之间的紧张而达到"与物无际"的通而为一之境相一致，在社会领域中，庄子确认了人我之间能够相互沟通，并对其何以能够沟通作了思考，肯定了"言"、"意"在人我沟通中的不同作用。

一、言：形式层面的沟通

就言来看，在逻辑的层面上，"知"之得与"知"之达都涉及名言："知"之得作为人对外部世界的认识结果，与物我关系相涉；而"知"之达则涉及人我之间。名言作为"知"的外在形态，人我均可用名言来表达各自之所得，并达到一定程度的沟通。这在庄子与惠施关于"鱼之乐"的对话中可以窥见一二："庄子与惠子游于濠梁之上。庄子曰：'鲦鱼出游从容，是鱼之乐也。'惠子曰：'子非鱼，安知鱼之乐？'庄子曰：'子非我，安知我不知鱼之乐？'惠子曰：'我非子，固不知子矣。子固非鱼矣，子之不知鱼之乐，全矣。'庄子曰：'请循其本。子曰：汝安知鱼乐云者，既已知吾知之而问我，我知之濠上也。'"（《庄子·秋水》）在此，庄子以对话的形式呈现出与惠施之间的论辩，语言作为对话的载体，既展示着论辩双方的思想，又沟通着彼此：对话、论辩之所以能够进行下去，基于对话者彼此对对方所表达的内容的理解，而理解是沟通的前提。在上述对话中，庄子通过观察，从鱼的"出游从容"来推断其乐，并用语言向惠施表达了这一看法，而惠施在了解了庄子所表达的内容之后，对其提出了质疑，认为庄子"非鱼"，不能了解"鱼"是否"乐"。在了解惠施的如上思想后，面对质疑，庄子作了回应："子非我，安知我不知鱼之乐?"而惠施又根据庄子的反诘对自己的观点进行辩护："我非子，固不知子矣。子固非鱼矣，子之不知鱼之乐，全矣。"基于此，庄子回顾了整个论辩过程，对论题做了转换，从而对惠施的质疑巧妙地作了回答："我知之濠上也。"在这段对话中，庄子以"鱼"喻人，他与"鱼"的关系接近于作为个体的自我与他人的关系，相应于此，庄子知"鱼之乐"，即意味着自我能够知他人之"心"。与之相反，惠施则对自我能否知他人之"心"表示怀疑。

在此，可以清楚地看到，庄子通过确认"鱼之乐"的可知，对他人之心是否可知这一问题作了肯定性的回应，这同时蕴含着在社会领域中人与人之间是能够进行交往、理解、沟通的，"肯定他人之心的可知性，无疑为确认交往过程中人与人相互理解、沟通的可能性提供了内在的根据"[1]。同时，庄子亦肯定了语言在人与人交往过程中的沟通功能：庄子与惠施以对话的形式展开的论辩，涉及语言层面的沟通。综观《庄子》全书，可以看到庄子对对话的注重，他一再以对话的方式批评或阐述某种观点，而从虚托的寓言人物到真实的历史人物，这些背景不同、特点多样之人均可作为其对话者，这既展示着社会领域当中人与人之间交往过程的复杂性，又体现着对作为对话载体的语言的注重。在庄子那里，自我或他人均能用语言表达各自意见，并在理解对方所表达的内容基础上进行肯定回应或否定回应，以形成对话，而对话无疑是人与人之间以语言为中介的交流。因而，对于庄子来说，语言作为人我之间沟通的方式，可以使人我达到浅层次的沟通，即语言层面的沟通。如庄子与魏王之间，便以语言为中介、以对话为形式达到了某种程度上的沟通："庄子衣大布而补之，正緳系履而过魏王。魏王曰：'何先生之惫邪。'庄子曰：'贫也，非惫也。士有道德不能

行，惫也；衣敝履穿，贫也，非惫也。此所谓非遭时也。'"（《庄子·山木》）在此，庄子与魏王对"衣敝履穿"这一现象有着不同的看法：魏王以之为"惫"，庄子则称其为"贫"。庄子在了解魏王对这一现象的看法之后，提出了自己的不同看法。从实际的状态来看，二人确实是通过语言、对话的方式在交流，这无疑基于彼此对对方所表达的内容的理解。就此而言，庄子与魏王进行了沟通，并在一定程度上实现了沟通。但是，二人对同一现象的理解相去甚远显然使两者难以继续交流下去，从而导致其在深层次理解上的困难。这同样体现在以下论述中："阳子之宋，宿于逆旅，逆旅人有妾二人，其一人美，其一人恶，恶者贵，而美者贱。阳子问其故，逆旅小子对曰：'其美者自美，吾不知其美也；其恶者自恶，吾不知其恶也。'"（《庄子·山木》）阳子、"逆旅小子"、"美者"、"恶者"作为不同的个体而存在，对"逆旅小子"而言，"美者"、"恶者"均是"吾"之外的他者，"美者自美"、"恶者自恶"是"美者"、"恶者"对自身规定的自我认识、自我评判，"吾不知其美"、"吾不知其恶"是"逆旅小子"对"美者"、"恶者"的看法，从阳子问"恶者贵，而美者贱"之故中，可以看出，在阳子看来，"美者"是为美、"恶者"是为恶。显然，阳子与"逆旅小子"对人外貌的看法不一，而"美者"、"恶者"与"逆旅小子"对同一对象的理解亦不同。就此而言，阳子与"逆旅小子"之间既存在通过语言进行交流的事实，又存在着不能深度交流的可能，因为二者只是通过交换意见达到浅层次的沟通。因而，对庄子来说，语言作为人我沟通的方式，仅仅使二者达到初步的、形式层面的沟通。

如前所述，言之"极物而已"（《庄子·则阳》）的性质既展示着其自身的限度，又使之与统一之"道"形成了距离。与物我关系中言的局限性相应，在人我关系中，语言对人而言尚具有外在的性质，它只能在一定程度上担负着沟通人我的功能，若执著于此，则会使人我之间处于相互隔阂的状态而无法达致实质层面的相互理解，从而阻碍二者从"独"走向"通"。

从庄子对"辩"的批评性态度中可以窥见一斑:"既使我与若辩矣,若胜我,我不若胜,若果是也?我果非也邪?我胜若,若不吾胜,我果是也?而果非也邪?其或是也?其或非也邪?其俱是也?其俱非也邪?我与若不能相知也,则人固受其黮暗,吾谁使正之?使同乎若者正之,既与若同矣,恶能正之?使同乎我者正之?既同乎我矣,恶能正之?使异乎我与若者正之,既异乎我与若矣,恶能正之?使同乎我与若者正之,既同乎我与若矣,恶能正之?然则我与若与人俱不能相知也。"(《庄子·齐物论》)"我"与"若"作为论辩的双方,若执著于论辩过程与论辩结果,所导致的则是论辩的参与者("我与若与人")之间"不能相知"。在此,庄子显然不是要从根本上摒弃以语言为形式的论辩,其意旨在提醒人们不要执著于论辩,原因在于:就论辩的内容来看,作为自我与他人表达各自意见的方式,论辩的内容涉及的是双方对于外部世界之所得,亦即"极物而已"的经验之知。对庄子而言,这种"小知"只是人对"物之粗"即外部世界所呈现出的外在形态的把握,它既随物之变而变,又作为达到"大知"的一个阶段而存在。因而,庄子所谓的"我与若与人俱不能相知"有着两层内涵:一方面,就论辩本身来说,与言相关的论辩亦有着自身的局限,它只能使自我与他人达到"小知"层面的交流,但又局限于此,而无法达致"大知"即关于"道"的智慧意义上的沟通;另一方面,就论辩者来说,论辩双方若执著于自身所持的是是非非,既在物我关系上难以正确地把握外部世界[1],又在人我关系上使彼此无法达到相互交流的目的,而只能表现为"若胜我"或"我胜若"之类的以辞相胜的争之状态。显然,庄子对"辩"的批评更多地指向后者,这在观念领域的纷争中得到鲜明的体现:"天下大乱,贤圣不明,道德不一,天下多得一察焉以自好,譬如耳目鼻口,皆有所明,不能相通;犹百家众技也,皆有所长,时有所

---

[1]　如前文所论及的,人对物的把握具有过程性,既要"以德为本",又要考察物之变,从而较为全面地把握物。然而,执著于对物某一阶段、某一形态之得,无疑忽视了人与物关系的过程性,必然会使对物的认识趋于片面化。

用。虽然，不该不遍，一曲之士也。判天地之美，析万物之理，察古人之全，寡能备于天地之美，称神明之容。……天下之人各为其所欲焉以自为方，悲夫！百家往而不反，必不合矣。后世之学者，不幸不见天地之纯，古人之大体，道术将为天下裂。"（《庄子·天下》）在庄子看来，百家皆"得一察""以自好"，实质上是在"群于人"的存在方式下封锁自身的体现，所导致的不仅是百家"必不合"，更是"道术"之裂。换言之，执著于一偏之见所导致的是非之争，不仅使百家在相分、冲突的状态下难以达到语言层面的相互理解、沟通，而且导致了对统一之道的遮蔽。正如于连所说："有一种辩论的根本，是辩论所永远无法触及的。……所以庄子的结论说，'辩也者有不见也'……从更加根本的意义上说，一切辩论都会使双方的立场凸显出来，使双方发生对峙，因此只能是表面化的。庄子暗示说，我们所辩论的，一向只是事物的泡沫：因为，我们只能就可辩论之事争辩。……因此，辩论是从原则上，不由自主地，甚至于是不知不觉地抛弃了本质的东西：因为事物的根本是共同的，所以是不可分的；因为事物的根本是不变的，所以它无可争辩。辩论无法把握这一根本。"[1]同时，"'辨'和'辩'，都是两个'辛'字中间夹一个部首，都包含有'分开'的意思。开始是分辨，由'分辨'而产生了'争辩'，前者导致了后者。……因为在中国，辩论是按照一种纯粹的'分开'，甚至于是'排斥'的逻辑来设想的；中国的'辩'从来不是，或者很少是按照相反的对话或合作的逻辑来考虑"[2]。这样一来，庄子眼中的辩论或争辩就只有否定的意义了。

二、意：内在精神的相契

基于"言"自身所具有的限度及与"道"的距离，庄子提出"辩不若默"（《庄子·知北游》）的主张，与"辩"的外在性、形式性相对，"默"并非沉默，而是指内在的体悟、默会，它与广义的"心"相关，从

---

[1] 弗朗索瓦·于连：《圣人无意：或哲学的他者》，第205—206页。

[2] 同上书，第207页。

而将人与人之间的交往从语言之域引向内在精神上的沟通、心灵上的相契。庄子以"无言而心说"（《庄子·天运》）表明了这一点，"无言"并非弃绝语言层面的交流，而是超越外在的言语之域，注重内在精神层面的相契（"心说"）。对庄子来说，人与人之间既以语言为媒介进行沟通，但却并不仅仅限定于语言的方式，而真正的沟通与交融，则往往超越了外在的、形式的表达："不言则齐。齐与言不齐，言与齐不齐也。故曰无言。言无言，终身言，未尝言；终身不言，未尝不言。"（《庄子·寓言》）所谓"言无言"，意味着超越以词语为形式的外在的言说，走向实质层面的理解与沟通。而在"言无言"的过程中，并没有绝对地抛弃语言（"终身言"、"未尝不言"），但却超越了表面的、形式的言说，而指向心灵的契合（"未尝言"、"终身不言"）。

正是在同样的思路下，相对于"言"，庄子赋予"意"以优先性："筌者所以在鱼，得鱼而忘筌；蹄者所以在兔，得兔而忘蹄；言者所以在意，得意而忘言。吾安得夫忘言之人而与之言哉！"（《庄子·外物》）庄子将"言"与"筌"、"蹄"并列，使之具有工具或手段的意义。与之相对的"意"既指"言"所具有的含义，又指心之所悟，后者不仅包含物我关系中对事物内在本质的理解、实践过程中对近于道之"数"的体悟，也包括人我关系中对内在精神的意会、体认。"言者所以在意"确认了作为外在的工具或手段的"言"以内在之"意"为指向，进一步引申下去，"意"可以离开"言"而独立存在（"得意而忘言"），"意"对"言"的独立性、分离性得以强调，同时，内在精神的契合、沟通的优先性得以肯定。因而，"忘言之人"超越了"言"的工具性、外在性，以"意"进行内在精神的沟通，他人要与其进行实质层面的交流，则不能运用外在的语言形式，只能以心之意会、体认的方式与之进行沟通，所谓"吾安得夫忘言之人而与之言哉"即表达了这一点。

由此，庄子肯定了"意"作为人我间内在精神层面沟通的方式，指向的是人我间实质意义上的理解、沟通。在庄子的如下论述中，"意"对于人与人之间沟通的作用得到较为鲜明的体现："子祀、子舆、子犁、子来四人相与语曰：'孰能以无为首，以生为脊，以死为尻，孰知死生存亡之一体者，吾与之友矣。'四人相视而笑，莫逆于心，遂相与为友。"（《庄子·大宗师》）"莫逆于心"即内心相契，达到内在精神层面的沟通，而这种沟通又是通过子祀、子舆、子犁、子来四人"相视而笑"而实现的。这里，"相视而笑"既具有"视"之动作、"笑"之表情等外在形式方面的规定，同时又主要表现为内在的意会、体认。唯其通过意会的方式体认到他者与自身对同一事物理解一致，并传递给他者，才能达致精神契合的人我之通。因而，内在的意会、体认又通过外在之"视"、"笑"呈现出来，并最终使"莫逆于心"者"相与为友"，实现了彼此间实质意义上的沟通。

与之类似的论述还有："子桑户、孟子反、子琴张三人相与友，曰：'孰能相与于无相与，相为于无相为？孰能登天游雾，挠挑无极，相忘以生，无所终穷？'三人相视而笑，莫逆于心，遂相与为友。莫然有间，而子桑户死，未葬。孔子闻之，使子贡往侍事焉。或编曲，或鼓琴，相和而歌，曰：'嗟来桑户乎！嗟来桑户乎！而已反其真，而我犹为人猗！'子贡趋而进曰：'敢问临尸而歌，礼乎？'二人相视而笑曰：'是恶知礼意！'子贡反，以告孔子曰：'彼何人者邪？修行无有，而外其形骸，临尸而歌，颜色不变，无以命之。彼何人者邪？'孔子曰：'彼游方之外者也，而丘游方之内者也。外内不相及，而丘使女往吊之，丘则陋矣！'"（《庄子·大宗师》）在此，子桑户、孟子反、子琴张三人亦通过内在的意会、体认实现了心灵的相契，这种人与人之间真正的沟通与交融又体现在其存在方式上，所谓"或编曲，或鼓琴，相和而歌"既展示了和谐的通之状态，又体现出个体之间由于彼此理解"相与为友"，伴随情感体验是愉悦的。

显然，言与意作为沟通人我的方式，庄子对二者作了不同程度的肯定，并将后者置于更为重要的地位。这与胡塞尔对"表述"所具有的两种功能的区分有着相似之处。在胡塞尔看来，存在着两种"表述"，一为"在交往功能中的表述"；一为"在孤独的心灵生活中的表述"。前者即"所有在交往话语中的表述都是作为信号在起作用"[1]的，这里所涉及的是表述的传播功能，在其中，语词作为符号传播着意义，而且必须是"现实的语词"，即只有在现实的"说与听、在说中的对心理体验的传诉（Kundgabe）和在听中的对心理体验的接受（Kundnahme）"这一过程中表述的这一传播功能才成为可能[2]；在后者即"孤独的心灵生活中"，"表述……不再作为信号而发挥功能"[3]，它所涉及的是表述的意指功能，而"在孤独的话语中，我们并不需要真实的语词，而只需要表象就够了"[4]。或者说，在其中，"语词的不存在并不妨碍我们"[5]，它更多地展示出与意义的相关性，从而区别于与语词、符号有关的前者。但需要注意的是，"思想不仅仅是以意指的方式被表述，并且也通过传诉而被告知；这种传诉当然只有在现实的说与听中才是可能的"[6]。因而，与庄子相似，胡塞尔在承认表达的传播功能的基础上，将表达的意指功能置于更为重要的地位，与此相关，胡塞尔既承认符号、语词在表达中的作用，又确认了意义的重要性。以胡塞尔对语言在表达的意指功能中所具有的含义为基础，海德格尔既认为"语言的生存论存在论基础是话语。……话语同现身、领会在生存论上同样源始"[7]，又提出所谓"话语的另一种本质可能性即沉默也有其生存论基础"[8]。

三、价值观念的趋同

对于庄子来说，以"意"的方式实现人我的交融，基于交往主体之间价值观念及价值取向的基本趋同。无论是子祀、子舆、子犁、子来

---

[1]　胡塞尔：《逻辑研究》（第二卷），A33/B33，第 35 页。
[2]　同上书，A33/B33，第 35 页。
[3]　同上书，A24/B24，第 27 页。
[4]　同上书，A36/B36，第 38 页。
[5]　同上书，A36/B36，第 38 页。
[6]　同上书，A36/B36，第 38 页。
[7]　海德格尔：《存在与时间》，第 188 页。
[8]　同上书，第 192 页。

四人"莫逆于心"，还是子桑户、孟子反、子琴张三人"相与为友""相和而歌"，都是以其对生死问题持有相同的看法为前提。与之相反，孔子、子贡与子桑户、孟子反、子琴张分别作为"游方之内者"与"游方之外者"，只能在语言层面进行交流，而无法作进一步的沟通，原因就在于彼此所具有的价值观念上的差异、价值取向的不同：所谓"游方之外者"，即隐居而出世之人，其对礼乐等文明社会的规范疏而远之；"游方之内者"即入世而积极参与社会活动之人，其认同并肯定礼乐等文明社会的规范的价值，并以之范导自身的言行举止。正是交往双方所具有的价值观念与价值取向的不同，造成了二者在交往中的隔阂及沟通上的困难，从而使得双方无法进行实质层面的交流、沟通，庄子之以"外内不相及"突出地表现了这一点。

在子贡与"为圃者"的对话中，价值观念与价值取向的差异对交往过程中人与人之间相互理解的制约得到了进一步的彰显。"子贡南游于楚，反于晋，过汉阴，见一丈人方将为圃畦，凿隧而入井，抱瓮而出灌，搰搰然用力甚多而见功寡。子贡曰：'有械于此，一日浸百畦，用力甚寡而见功多，夫子不欲乎？'为圃者仰而视之曰：'奈何？'曰：'凿木为机，后重前轻，挈水若抽，数如洪汤，其名为槔。'为圃者忿然作色而笑曰：'吾闻之吾师，有机械者必有机事，有机事者必有机心。机心存于胸中，则纯白不备；纯白不备，则神生不定；神生不定者，道之所不载也。吾非不知，羞而不为也。'子贡瞒然惭，俯而不对。有间，为圃者曰：'子奚为者邪？'曰：'孔丘之徒也。'为圃者曰：'子非夫博学以拟圣，於于以盖众，独弦哀歌以卖名声于天下者乎？汝方将忘汝神气，堕汝形骸，而庶几乎！而身之不能治，而何暇治天下乎？子往矣，无乏吾事。'子贡卑陬失色，顼顼然不自得，行三十里而后愈。其弟子曰：'向之人何为者邪？夫子何故见之变容失色，终日不自反邪？'曰：'始吾以为天下一人耳，不知复有夫人也。吾闻之夫子，事求可，功求成。用力少，见功多者，圣人之道。今徒不然。执道者德全，德全者形全，形全者神全。神全者，圣人之道也。'"（《庄子·天地》）子贡作为"游方之内者"，而"为圃者"作为"游方之外者"，二者对"械"的不同看法，引发双方理解上的困难，从而制约着双方相互沟通的程度。而对"械"的不同看法则基于双方所认可的价值观念与所肯定的价值取向的不同，这从"为圃者"对子贡的评论及对整个儒家价值观念的批评中可以看出，而子贡听闻"为圃者"的批评之后，其在怅然有失及对此的反思中所透露出的对"为圃者"的同情的理解，既展示了对"为圃者"所肯定的价值取向的某种认同，又确认了认同、接受共同的价值观是交往双方能够彼此理解、沟通的前提。

四、存在视域的超越[1]

价值观念及价值取向的不同，往往与个体之间存在境域上的差异有关。在庄子那里，对于人与人之间的交往来说，个体在存在境域上的差异在更为根本的方面影响着不同主体之间的彼此理解、沟通。这在鲲鹏与斥鴳之别中得到了体现："穷发之北有冥海者，天池也。有鱼焉，其广数千里，未有知其修者，其名为鲲。有鸟焉，其名为鹏，背若泰山，翼若垂天之云，抟扶摇羊角而上者九万里，绝云气，负青天，然后图南，且适南冥也。斥鴳笑之曰：'彼且奚适也？我腾跃而上，不过数仞而下，翱翔蓬蒿之间，此亦飞之至也。而彼且奚适也？'此小大之辩也。"（《庄子·逍遥游》）鲲鹏与斥鴳之间存在着视域上、观念上的差异，这从斥鴳之笑鹏可以看出。对于斥鴳来说，在蓬蒿之间翻腾、翱翔，是其生活的最高目标（"飞之至也"），而鹏之"抟扶摇羊角而上者九万里"，显然超出了其想象。就本体论而言，鲲鹏与斥鴳在生活境域及各自存在方式上的不同，决定了二者在视域、观念上的差异。换言之，鲲鹏与斥鴳具有不同的存在品格，二者不同的存在形态既规定着它们的存在方式，也制约着其视域及由之而来的观念。与之相似，对于鲲鹏欲"背负青天"而"图南"的宏远志向，"蜩与学鸠笑之曰：

---

[1]　"存在视域的超越"这一提法依循杨国荣教授在其著作《成己与成物：意义世界的生成》第二章第四节"知识、智慧与视域"一部分中的相关论点。

'我决起而飞,抢榆枋而止,时则不至而控于地而已矣,奚以之九万里而南为?' 适莽苍者,三飡而反,腹犹果然;适百里者,宿舂粮;适千里者,三月聚粮。之二虫又何知!"(《庄子·逍遥游》)鲲鹏与蜩、学鸠的视域差异导源于存在境域的不同:不同的存在境域决定着不同的存在方式,随之而来的则是不同的视域及观念。蜩与学鸠只是在蓬间树丛的范围内活动,这种生活境域决定了它们的视域,使得其无法理解飞越九万里的鲲鹏之志,也就是说,蜩与学鸠的存在境域限制着其视域与观念,所谓"之二虫又何知"便突出了这一点。在此,庄子以鸟喻人:在鹏与斥鴳、鲲鹏与蜩、学鸠的区分背后,是人的差异;它们在视域上的不同,展示出不同的存在境域对人观念的影响与制约。

就人而言,存在境域作为其存在的本体论前提,不仅表现为外在的条件,也涉及观念形态的思想背景,这在庄子对井蛙、夏虫、曲士的论述中得以体现:"井蛙不可以语于海者,拘于虚也;夏虫不可以语于冰者,笃于时也;曲士不可以语于道者,束于教也。"(《庄子·秋水》)庄子以井蛙、夏虫来隐喻处于一定存在境域中的人。"虚"即空间,在此指特定的环境;"时"即时间,在此指具体的历史条件;"教"即学说、观念,在此指一定的思想背景。作为具体存在的人,必然生存于一定的时空之中,从而受制于特定的环境及一定的历史条件;同时,人又生活于一定的思想背景之下,从而使具有片面性的观念对人造成影响。在庄子看来,前者主要表现为外在于人的条件,后者则更多地融入人的内在精神世界,二者作为存在境域的外在之维与内在之维,同时影响着人的存在方式,并进一步制约、限定着人对世界的认识与把握。由此,所导致的则是处于不同存在境域中的人,难以达到相互理解,这在肩吾与连叔的以下对话中得以具体的阐释:"肩吾问于连叔曰:'吾闻言于接舆,大而无当,往而不返。吾惊怖其言,犹河汉而无极也;大有径庭,不近人情焉。'连叔曰:'其言谓何哉?'曰:'藐姑射之山,有神人居焉。肌肤若冰雪,绰约若处子;不食五谷,吸风饮露;乘云气,御飞龙,而游乎四海之外;其神凝,使物不疵疠而年谷熟。吾以是狂而不信也。'连叔曰:'然!瞽者无以与乎文章之观,聋者无以与乎钟鼓之声。岂唯形骸有聋盲哉?夫知亦有之。是其言也,犹时女也。之人也,之德也,将磅礴万物以为一,世蕲乎乱,孰弊弊焉以天下为事!之人也,物莫之伤,大浸稽天而不溺,大旱金石流、土山焦而不热。是其尘垢秕糠,将犹陶铸尧舜者也,孰肯以物为事!'"(《庄子·逍遥游》)就这场虚拟的对话而言,对于藐姑射之山的神人所具有的"不食五谷,吸风饮露;乘云气,御飞龙,而游乎四海之外"的超凡品格,肩吾"以是狂而不信"。在连叔看来,肩吾之所以如此,原因在于他既没有获得如神人般的存在规定,亦没有处于接舆那样的存在境域,他如"瞽者"与"聋者"因自身存在条件的限制而无法看到色彩、听到音乐一般,难以理解神人的存在形态。在此,庄子所要肯定的是,个体对于自身之外的他人、他物的理解难以离开自身的存在形态。对庄子来说,肩吾认为接舆之言"狂而不信",既表明了肩吾与接舆由于处于不同的存在境域之中,而未能达致相互理解,又蕴含着并非所有的人相互之间都能达到真正的交融与沟通。质言之,对于不同的个体来说,只有在其存在境域相似、价值观念趋同的情况下,交往过程中彼此之间真正的理解、沟通才得以可能。

然而,具有不同存在境域、确认不同价值观念的个体却可以通过对自我视域的超越而达到一定程度的共识,这既在前述子贡对"为圃者"所透露出的同情的理解中得以体现,又在以下论述中得到具体的阐释:"郑有神巫曰季咸,知人之死生存亡,祸福寿夭,期以岁月旬日,若神。郑人见之,皆弃而走。列子见之而心醉,归,以告壶子,曰:'始吾以夫子之道为至矣,则又有至焉者矣。'壶子曰:'吾与汝既其文,未既其实,而固得道与?众雌而无雄,而又奚卵焉!而以道与世亢,必信,夫故使人得而相汝。尝试与来,以予示之。'明日,列子与之见壶子。出而谓列子曰:'嘻!子之先生死矣!弗活矣!不以旬数矣!吾见怪焉,见湿灰焉。'列子入,泣涕沾襟以告壶子。壶子曰:'乡吾示之以地文,萌乎不震不止。是殆见吾杜德机也。尝又与来。'

151

明日，又与之见壶子。出而谓列子曰：'幸矣，子之先生遇我也！有瘳矣，全然有生矣！吾见其杜权矣。'列子入，以告壶子。壶子曰：'乡吾示之以天壤，名实不入，而机发于踵。是殆见吾善者机也。尝又与来。'明日，又与之见壶子。出而谓列子曰：'子之先生不齐，吾无得而相焉。试齐，且复相之。'列子入，以告壶子。壶子曰：'乡吾示之以太冲莫胜。是殆见吾衡气机也。鲵桓之审为渊，止水之审为渊，流水之审为渊。渊有九名，此处三焉。尝又与来。'明日，又与之见壶子。立未定，自失而走。壶子曰：'追之！'列子追之不及。反，以报壶子曰：'已灭矣，已失矣，吾弗及已。'壶子曰：'乡吾示之以未始出吾宗。吾与之虚而委蛇，不知其谁何，因以为弟靡，因以为波流，故逃也。'然后列子自以为未始学而归，三年不出。为其妻爨，食豕如食人。于事无与亲，雕琢复朴，块然独以其形立。纷而封哉，一以是终。"（《庄子·应帝王》）在列子与季咸、列子与壶子之间的对话中，既有壶子与季咸得道境界的高下之别，又有列子超越自我原有之视域而最终与壶子达到实质层面的沟通。起初，列子见季咸"知人之死生存亡，祸福寿夭"便"心醉"，既表明列子对其师壶子的体道境界只是基于语言层面的初步了解（"既其文，未既其实"），又暗含着列子自限于自身之存在境域及由之而来的视域，未领会其师壶子的存在形态，从而使二者之间只有语言层面的交流。但是，通过与壶子及季咸之间的一系列对话与交流，列子逐步对所涉及的现象有了较为深入的认识与理解，并超越自身原有之视域而领悟了合于道的存在境界，从而与壶子实现了真正的理解、沟通。而列子在领悟合于道的观念之后，又将之转化为自身的存在方式，以此来确证自己所领悟的得道境界，所谓"为其妻爨，食豕如食人。于事无与亲，雕琢复朴，块然独以其形立"便具体地体现出其与自然为一的"在"世方式。在以上寓言中，可以看到，一方面，庄子肯定了并非所有的个体都能实现彼此之间的理解，如季咸显然未能领悟壶子所表现出的外在形式的真正意味；另一方面，庄子认为在人我交往过程中，可以通过对自我存在视域的超越来使交往双方达致一定程度的理解。同时，该寓言既肯定了语言在人我交往过程中的作用，又确认了内在的领悟、体认对彼此沟通的重要性。换言之，人与人之间的交往、沟通，不仅仅表现为以语言为形式的语义层面的相互了解，也显示着以"意"为方式的对存在境界的意会、领悟，而前者与后者之间亦具有一致性。对庄子来说，人与人之间实质意义上的沟通，又会对交往主体的在世过程及在世方式形成影响，对此，杨国荣先生曾说："接受一种观念则同时意味着选择一种存在的方式：理解的过程在此具体化为存在的过程"，"道的境界固然可以通过对话等方式获得理解，但理解又无法与人自身的存在相分，这不仅在于对话本身展开于生活过程之中，并包含着对话者之间的沟通，而且表现在由此达到的理解应当进一步体现于现实的存在过程、化为相应的存在方式"[1]。

与之相似，在黄帝与广成子的对话中，既有黄帝对自身视域的超越，又有通过对话、领悟实现交往双方的沟通之后，以在世方式的改变来确证所理解的观念："黄帝立为天子十九年，令行天下，闻广成子在于空同之山，故往见之，曰：'我闻吾子达于至道，敢问至道之精。吾欲取天地之精，以佐五谷，以养民人。吾又欲官阴阳，以遂群生，为之奈何？'广成子曰：'而所欲问者，物之质也；而所欲官者，物之残也。自而治天下，云气不待族而雨，草木不待黄而落，日月之光益以荒矣，而佞人之心翦翦者，又奚足以语至道！'黄帝退，捐天下，筑特室，席白茅，闲居三月，复往邀之。"（《庄子·在宥》）在黄帝见广成子之后，其所提问的是如何"取天地之精，以佐五谷，以养民人"、如何"官阴阳，以遂群生"。也就是说，黄帝的存在境域决定着其视域必然落在如何作用于"天地""阴阳"等自然，以解决具体的"养民人""遂群生"的问题之上。而在广成子的回答中，"至道"是其所首要关注的，这体现着其形上的视域。经过与广成子的对话、交流，黄帝超越了自身原有的形

---

[1]　杨国荣：《庄子的思想世界》，第152—153页。

下视域，经过内在的体悟认同接受了广成子所展示出的"至道"之境，并以"退，捐天下，筑特室，席白茅，闲居三月"与道为一的在世方式来体现其与广成子交往过程之所得。与前述列子与壶子、季咸之间的对话一样，黄帝与广成子之间的这段对话及由之而来的黄帝捐天下而隐居，都是寓言，但是，在其中所肯定的处于不同存在境域中的人要想实现人我之间的相互理解，须超越自身的存在视域，以及理解与人之"在"的统一，则体现着庄子在该问题上的一致看法。而庄子眼中的理解与人之"在"的关系，则与海德格尔的看法不无相通之处，在海德格尔看来，"此在作为被抛的此在被抛入筹划活动的存在方式中。……领会作为筹划是这样一种存在方式——在这种方式中此在恰恰就是它的种种可能性之为可能性"[1]。对此，倪梁康曾解释道："此在在它作为存在者属于一个时代、一个社会、一个文化之前已经存在着了。没有一种智慧是非历史的、超历史的。因此可以导出，理解是某种主体性的东西，是某种与人类生命、生存有关的东西。"[2]

对于庄子来说，以"言"、"意"的方式去沟通人我，具有着正面的意义和积极的价值。当人与人之间达到实质层面的沟通时，交往主体之间相互理解、彼此认同，个体在情感层面的孤独感得以消解，取而代之的是自身被他人所理解而带来的愉悦感。从这个意义上来说，庄子的自我并不是封闭的，而是隐含着对自我与他人之间理解与沟通的期盼。但是，个体孤独感的消解并不意味着个体趋同于他人、群体的思想、观念而丧失自身之为自身的独特规定。对庄子而言，注重人与人之间的交往、沟通，并不意味着将自我沉沦、湮没于他人之中。

就人我之间的沟通之所以可能而言，自我作为形与神的统一，所具有的区别于他人的"独有"品格是人我之间能够进行沟通的前提，而自我内在精神世界的统一与稳定则担保着沟通的进行；就人我之间沟通的过程而言，自我之独特的个性规定不仅不能被湮没，而且应该

[1] 海德格尔：《存在与时间》，第169页。
[2] 倪梁康：《现象学及其效应——胡塞尔与当代德国哲学》，第287页。

得以挺立、完善。后者在庄子对个体之"独"的强调中得以体现,如前文所论及的,庄子在肯定人之在世方式是"群于人"的同时,又强调要维护个体性。这在他对世俗之人都希望他人"同乎己"的批评中可以看出:"世俗之人,皆喜人之同乎己,而恶人之异于己也。同于己而欲之,异于己而不欲者,以出乎众为心也,夫以出乎众为心者,曷常出乎众哉?"(《庄子·在宥》)在与人共在中,世俗之人往往希望他人具有与"己"相同的看法或视域,作为一种"求同"的心理,从他人的角度来看,希望他人与自己相同,实则是对他人所具有的个性的不尊重,当他人完全同于"己"时,他人便丧失了自身特有的个体性规定;就自我的角度来看,在追求世俗及众人层面的一致的情况下,它实质上表现为对"众"的变相迎合,所导致的则是自我所具有的独特规定的失落。在众人皆"同于己"时,表面上自我得到了他人的肯定、认同,由此自我及他人的孤独感消失殆尽,而实质上却丧失了个体的本真自我,因而,庄子对其持反对的态度,而他所肯定的,则是实质层面的超越从众、趋同("出乎众"),与前者对个体性原则的失落相反,后者则肯定、维护着个体之"独"。对他而言,在人我交往中,固然要追求他人对自身的理解、认同,但这种理解、认同是以"己"之个体性规定的保持、维护为前提,而非随人而变;同时,又不以"己"意强加他人,从而使得人我在平等、独立地存在的前提下,进行语言层面及内在心灵上的沟通。

基于此,他认为人应该"游于世而不僻,顺人而不失己"(《庄子·外物》)。也就是说,从消极的层面来看,在与人共在的过程中,人要守护自我的独特规定,使"己"之个体性不致失落于他人、群体;从积极的层面来看,个体与人共处既能展示自身区别于他人的"独有"品格,又能在与他人理解、沟通的过程中提升自身、完善自身[1],所谓

---

[1] 在此,实现自身、完善自身主要就自我对道的领悟而言,如列子对壶子体道境界的领悟、黄帝对广成子"至道"视域的认同,都是通过人与人之间的交流、沟通而提升自我、完善自我的例证。

"既以与人己愈有"（《庄子·田子方》）即表现出个体可以在与人共在的过程中得到进一步的充实。

要而言之，以"群于人"为本体论前提，庄子在确认人与人之间能够相互沟通的基础上，肯定了"言"对于人我之间交流、沟通的作用，同时，又将交往过程中真正的沟通与交融，即内在的心灵相契、实质的精神沟通置于更为重要的地位，从而引入了"意"的方式。而在庄子那里，与人共处、交往既以个体之"独"为前提，又以达到内在精神沟通为指向，从而表现为由"独"走向"通"的过程，这可以看作是"道通为一"的形上原理在人我关系中的体现。

第五章　逍遥游

在庄子那里，分化的现实世界是人存在的本体论前提，对于如何在现实之在中实现人自身的理想存在形态，庄子在人的在世过程中引入了逍遥。而逍遥之境作为理想之境，既表现为与天地万物合一的境界，又展开为个体的"独往独来"，从而展示着通与独的统一。

第一节　与天地万物为一：此岸性与超越性

对庄子来说，逍遥[1]作为理想的存在方式，首先意味着超越界限或限定。在《庄子·逍遥游》中，以鲲、鹏、斥鴳等为例描述了不同的存在方式："穷发之北有冥海者，天池也。有鱼焉，其广数千里，未有知其修者，其名为鲲。有鸟焉，其名为鹏，背若泰山，翼若垂天之云，抟扶摇羊角而上者九万里，绝云气，负青天，然后图南，且适南冥也。斥鴳笑之曰：'彼且奚适也？我腾跃而上，不过数仞而下，翱翔蓬蒿之间，此亦飞之至也。而彼且奚适也？'此小大之辩也。"（《庄子·逍遥游》）与斥鴳相比，鹏之"背若泰山"、抟扶摇而上九万里，气势盛大，

---

[1] 王夫之对逍遥的注释为："逍者，向于消也，过而忘也。遥者，引而远也，不局于心知之灵也。"（王夫之：《庄子解》卷一，《船山全书》第十三册，岳麓书社1996年版，第81页）对此，杨国荣先生作了如下引申："'消'蕴含着消解之意，'忘'则与执著相对；'引而远之'，意味着走向界限之外、不拘于既定的精神世界（"不局于心知之灵"）。"（杨国荣：《庄子的思想世界》，北京大学出版社2006年版，第221页）

貌似逍遥，但离开了风，它便不能飞翔："风之积也不厚，则其负大翼也无力。"(《庄子·逍遥游》)由于对风的依存，鹏显然未能达到真正的逍遥之境。与鹏受制于风等外在的条件一样，斥鴳亦受到外部存在境域的限制，所谓"翱翔蓬蒿之间"即表明其在蓬蒿之间生存，这种外部境遇同时又影响着其视域的形成，从斥鴳讥嘲扶摇而上的鹏，又将在蓬蒿之间翱翔理解为"飞之至"，便展示出其受到自身视域的限制。鲲鹏、斥鴳在此代表着不同的个体及不同的在世方式，就其均被限定而言，它们无疑存在着一致性。对于庄子而言，外在条件、外部境遇构成对个体的限定，使得其与逍遥的存在方式难以相容，但自身视域的限定则从更内在的方面使得个体难以达到逍遥。

就人自身之在来看，其存在形态亦具有多样性，人之在世方式亦不同："故夫知效一官，行比一乡，德合一君，而征一国者，其自视也亦若此矣，而宋荣子犹然笑之。且举世而誉之而不加劝，举世而非之而不加沮，定乎内外之分，辨乎荣辱之境，斯已矣，彼其于世，未数数然也。虽然，犹有未树也。夫列子御风而行，泠然善也。旬有五日而后反，彼于致福者，未数数然也。此虽免乎行，犹有所待者也。若夫乘天地之正，而御六气之辩，以游无穷者，彼且恶乎待哉！故曰：至人无己，神人无功，圣人无名。"(《庄子·逍遥游》)对于庄子来说，"知效一官，行比一乡"者，其能力、行为体现并展开于政治、伦理领域的实践过程之中：在政治实践领域，"知效一官"者所处的社会状态(治世或乱世)，在上者的立场、态度等，既影响着其能力的发挥，又决定着其是否得到赏识；在道德实践领域，"行比一乡"者既处于一定的伦理关系之中，社会又以礼义文明等道德规范作为其行为的评价标准，这些外在的评价标准与评价过程决定着其是否获得道德上的认可与赞誉。在这里，不管是政治领域还是伦理领域，存在背景与评价系统均外在于人而存在，从而在外在层面对个体构成了双重限定，这使得"知效一官，行比一乡"者无法达到"逍遥"。

与之相比，宋荣子似更趋近"逍遥"之境：他"举世而誉之而不加劝, 举世而非之而不加沮", 不为外在的评价所左右, 按照自己内在的意愿行事。但是, 他 "定乎内外之分, 辨乎荣辱之境", 依然是以分、别之视域看待外部世界, 从而表现为执著于自我的价值取向("内")、拒斥外在的评价、舆论("外")对自身的影响。这虽然与 "知效一官, 行比一乡" 者完全依存于外不同, 但分、别之视域蕴含着界限, 是对道的统一性的戕害, 因而, 执著于分、别之视域显然难以达到逍遥的存在形态。

而 "列子御风而行", 凭借着风随意行走, 从形式上看似乎飘逸、自在, 但风力作为必要条件, 若离开风, 他便无法 "免于行"。就其依赖于一定的条件("风")而言, 其与鲲鹏一样, 受到外在条件的限定, 从而使得其行为并不逍遥。这几种存在形态虽然具体的在世方式有所不同, 但与鲲、鹏、斥鴳一样, 在受限定这一意义上, 是共通的。对此, 福永光司说: "这些人就是那抢上榆枋又投回地面的学鸠, 就是那在习惯与惰性之中频频鼓着翅膀的蜩。他们安住在常识层面的价值与规范之世界, 将这一角世界当作世界之全, 而埋没其中。他们毕竟与自己原系何种存在? 人之'应然'为何? 人之根源真实的生涯是何物这等问题全不相及。"[1] 换言之, 在受外在条件所限制、被内在视域所限定的形式之下, 这些人当然无法达到逍遥之境。

对庄子来说, 要实现逍遥的存在形态, 则需超越限定、摆脱限制, 从 "有待" 走向 "无待", 在这一过程中, 作为个体之人须 "乘天地之正, 而御六气之辩"。在此, "无待" 既表现为不依赖于外在条件, 从而摆脱其对自身的限制; 又指向顺乎事物内在的本性, 后者在 "乘天地之正"[2] 中体现出来: 从对象即物[3] 的角度来看, 它表现为顺乎物之

---

[1] 陈鼓应:《庄子今注今译》(上), 中华书局 1983 年版, 第 15 页。
[2] 郭象将 "乘天地之正" 注释为 "即是顺万物之性"(郭象:《庄子注·逍遥游》)。
[3] 在此, "物" 是在广义上使用的, 它既包含与人相对的、作为对象而存在的外部世界之物, 又包含人在内。在此基础上, 所涉及的亦是广义的物我关系, 它既包括狭义的物我之间, 即人与他物的关系; 又内含人我之间。需要加以说明的是, 这一节中的物我关系都是取广义的用法。

内在本性,遵循物自身的法则;从主体的角度来看,它表现为合乎人自身的天性("无己");从二者之间的关系来看,它表现为不执著于物我之分,从物我之别走向物我一体。对于从"有所待"走向"恶乎待"的过程,徐复观先生说:"庄子认为人生之所以受压迫,不自由,乃由于自己不能支配自己,而须受外力的牵连。受外力的牵连,即会受到外力的限制甚至是支配。这种牵连,在庄子称之为'待'。"[1]由此看来,"人所以不能顺万物之性,主要是来自物我之对立;在物我对立中,人情总是以自己作衡量万物的标准,因而发生是非好恶之情,给万物以有形无形的干扰。自己也会同时感到处处受到外物的牵挂、滞碍。有自我的封界,才会形成我与物的对立;自我的封界取消了(无己),则我与物冥,自然取消了以我为主的衡量标准,而觉得我以外之物的活动,都是顺其性之自然"[2]。然而,这一过程则具体地体现于个体的实践活动中。

也就是说,通过"乘天地之正"实现"无待"的逍遥,展示着逍遥是基于现实之在的存在形态,它并非远离现实的生活世界,而是展开于"日出而作,日入而息"的日常生活之中:"舜以天下让善卷,善卷曰:'余立于宇宙之中,冬日衣皮毛,夏日衣葛绹。春耕种,形足以劳动;秋收敛,身足以休食。日出而作,日入而息,逍遥于天地之间,而心意自得。吾何以天下为哉?'"(《庄子·让王》)在此,"逍遥于天地之间"即逍遥于生活世界之中,庄子以此所确认的,是逍遥的可实现性或此岸性。这在前文所引述的庖丁解牛的寓言中得到了较为具体的阐释。一般而论,解牛是日常生活中常见的一种实践活动,但在庄子那里,庖丁解牛既有着审美的维度("合于桑林之舞,乃中经首之会"),又获得了自由的形式("恢恢乎其于游刃必有余地矣")。具体来说,庖丁在解牛的过程中,顺乎牛内在的本性("依乎天理"、"因其固然"),由技而进乎道,从而实现了"游刃有余"的逍

---

[1] 徐复观:《中国人性论史》,上海三联书店 2001 年版,第 347 页。

[2] 同上书,第 351 页。

遥;同时,在解牛这一实践活动完成之后,庖丁"提刀而立,为之四顾,为之踌躇满志"也确实展现出其已达到了逍遥之境。对此,徐复观先生曾说:"他(庖丁)的精神由此而得到了由技术的解放而来的自由感与充实感;这正是庄子把道落实于精神之上的逍遥游的一个实例。"[1]

基于相同的思路,在轮扁斫轮的寓言中,轮扁在斫轮时所达到的"得手应心"的状态,展示着其逍遥自在的存在形态:"轮扁曰:'……斫轮,徐则甘而不固,疾则苦而不入。不徐不疾,得之于手而应于心,口不能言,有数存焉于其间。'"(《庄子·天道》)轮扁顺应并把握实践过程中的内在之理,以"不徐不疾"、"得之于手而应于心"展示出其行为的完美性与自得性,使自身达到了自由的状态。由此可以清楚地看出,庄子肯定了庖丁与轮扁在实践活动中达到了与道为一的逍遥之境。

从更广的意义上来看,无论是解牛,还是斫轮,都是日常生活中较为常见的劳作活动,对于解牛过程与斫轮过程逍遥性质的肯定,使得逍遥成为在现实的日用常行中能够实现的存在形态,这在凸显逍遥与现实的生活世界的联系的同时,又彰显着逍遥的此岸性。与之相关,庄子对所谓归隐避世的"江海之士、避世之人"持批评态度,而他所肯定的,则是"无江海而闲"的在世方式:"若夫不刻意而高,无仁义而修,无功名而治,无江海而闲,不道引而寿,无不忘也,无不有也,澹然无极,而众美从之,此天地之道,圣人之德也。"(《庄子·刻意》)所谓"无江海而闲",就是个体在与人共处中达到超脱逍遥,庄子以"此天地之道,圣人之德也"确认了与人共在的在世方式是实现逍遥的前提。而这一意义上的人我之间的共在、统一,即"顺人而不失己"(《庄子·外物》):既与人和谐相处、又不因此而丧失自我。在更广的意义上说,"圣人的心是开放的:圣人中和了是非的分别,才

---

[1]　徐复观:《中国艺术精神》,华东师范大学出版社 2001 年版,第 32 页。

变得不受约束。正因为不受约束，他才能够更好地顺天应人……正因为圣人不固执于世俗的判断，不囿于是非彼此的分别，所以才能与世界保持着既亲密，又轻松的关系。'亲密'的反面是'死死地缠着'。然而圣人既不会'死死地缠着'，也不会'离开'，既不会放弃，也不会陷入其中而不能自拔。圣人只会'顺物而行'，在生活中只是顺应"[1]。

因而，在日常世界的实践活动与人际交往中，物我之间的通而为一是实现逍遥主题的应有之义：只有实现了人与物（包括人）之间在实质层面的沟通，物我一体才得以可能；而唯有不执著于物我之分，行为主体才有可能达致逍遥的存在形态。[2]在这一意义上可以说，与天地万物为一，作为个体实现逍遥之境的前提和方式，它可以在个体的日常活动中得以实现[3]，其所具有的可实现性担保着逍遥之境的此岸性。

同时，当个体在社会生活当中通过自身的实践活动，实现了物我的交融、统一之后，这种物我间的"通"会在其精神世界中体现出来，从而在个体的精神领域呈现出"天地与我并生，而万物与我为一"（《庄子·齐物论》）的"通"之状态。陈鼓应曾指出："庄子在谈到人与自然的关系的时候，他是开放的、开阔的，他将主体无限地投向客体，又将客体内化为主体，泯除主客关系的割裂和隔离，而使人的精神领域和思想视野扩大到'天地与我并生，万物与我为一'的开阔的境界。"[4]如前所述，就世界之在的分化过程来看，包括"天地"在内

[1] 弗朗索瓦·于连:《圣人无意：或哲学的他者》，第177—178页。
[2] 就物我之间的通而为一，杨国荣先生曾指出："从否定的方面看，'通'意味着打破界限；从积极的方面看，'通'则指融和合一。"（杨国荣:《庄子的思想世界》，第235页）
[3] 如前文所论及，人与物可以通而为一，而人与人亦可实现内在心灵的相契、精神世界的相合。
[4] 胡道静主编:《十家论庄》，上海人民出版社2008年版，第365页。

的具体世界中的一切存在形态确与我"并生";就天下万物都"一"于气、内含"道"来看,万物通而为一,或者说人与万物"为一"。在这里,显然不是指宇宙论层面上的"我"与万物的"并生"、"为一",而是指向"我"之精神世界的建构与呈现:作为个体的"我"把天地、万物"看作为"与"我"合一的存在,由之扬弃分、别之视域,代之以"齐"、"通"的视域。在这种"通"之视域下,"我"与天地、万物合而为一,个体自身的存在、外部世界中的对象性存在均收摄于个体的精神世界之内,二者相互交融,既建构着个体的内在精神世界,又展示着精神之域的统一之维。可以说,"庄子追求的是与天地万物融为一体的精神境界,其基本倾向是强调世界万物的共性和同一性"[1]。而人融入于天地、万物之后,便游于"逍遥之虚"(《庄子·天运》),也就是说,与天地、万物的互融,不仅将个体引向精神上的自由,而且是其精神世界逍遥的体现。如前所述,庄子将"乘天地之正,而御六气之辩,以游无穷"作为"恶乎待"的逍遥之境的内在特征,在庄子那里,逍遥作为人理想的存在形态展开于现实的生活世界,实现于本于主体自身之性与循乎对象之必然法则的实践活动之中;同时,又表现为精神领域中的游于"无穷"。

然而,对于庄子来说,"以游无穷"的逍遥作为自由的精神之境,既具有着在现实世界中实现的可能,又暗含着超越性的维度。在惠施以大树的无所取材讽喻庄子之言的无用性时,庄子对之回应道:"今子有大树,患其无用,何不树之于无何有之乡,广莫之野,彷徨乎无为其侧,逍遥乎寝卧其下,不夭斤斧,物无害者,无所可用,安所困苦哉!"(《庄子·逍遥游》)在这里,"无何有之乡,广莫之野"作为超越境界的隐喻,"树之于无何有之乡,广莫之野"、"彷徨乎无为其侧"、"逍遥乎寝卧其下",则是对人处于逍遥之境的形象描述,所谓"树之"、"彷徨"、"寝卧"均表征着人的活动。庄子把"逍遥"与"无何有之乡,广

---

[1] 刘笑敢:《庄子哲学及其演变》,第140页。

莫之野"相联系,暗示着逍遥之境所具有的超越性。[1]至此,逍遥所具有的二重性表现出来:即可实现性与超越性。就前者来说,面对有所待、受限定的现实生活世界,庄子认为人可以通过"乘天地之正"的方式超越限制、摆脱限定,实现物我合一,从而达到逍遥的存在形态;而相对于现实处境的有所待,"无何有之乡"呈现出理想的性质,从庄

---

[1] 对于庄子来说,超越性更多地与理想性相关,而非走向彼岸世界。对此,杨国荣先生认为:"在庄子那里,超越不同于走向彼岸:从'齐'、'通'的本体论立场及注重逍遥的此岸性出发,庄子显然难以接受与现实存在相对的另一个世界。"(杨国荣:《庄子的思想世界》,第226页)与之相关,庄子对现实之在的关注亦体现在"来世不可待,往世不可追"(《庄子·人间世》)之中。"世"即人生活于其间的世界,"往世"、"来世"指向时间之维,蕴含着过去与未来之分。在庄子眼中,从人的生存来看,时间展开为过去、现在、未来三个不同的阶段,与之相应,人之"世"亦衍化为"往世"、"现世"、"来世"三种不同的形态:"往世"与时间的过去之维相关,其表现出已经逝去的性质;"现世"与时间的现在之维相关,其表现为正存在着的现实的生活世界;而"来世"则与时间的未来之维相关,其呈现为尚未来临之"世"。对于庄子来说,"往世"与"来世"由于已经逝去或者尚未来临,二者都不具有现实的品格,从而对人的存在来说不具有实质的意义。具体而论,"往世"包含着原初的"至德之世",亦包含着"乱世",虽然在前者中人与万物通而为一,但社会文明的发展伴随的是人性的失落,由之而来的是"乱莫甚焉"(《庄子·天运》)的"乱世"。就前者已经逝去来说,可以将之作为理想的存在形态引导现实之世不断地走向"至德之世";而乱世不仅戕害人的生命存在,亦会造成人精神之维的分化、失序,因而,它对人具有否定的意义,就其作为"往世"而存在来看,它对存在于现世之人则只有警醒的作用,并没有实质的影响。与之相对,庄子许诺了一个理想状态的"来世",并认为在其间作为"往世"而在历史中存在过的"至德之世"将会实现,但是,它的实现以现实之世中的人不断地做去欲、去知、去己的修养工夫为前提,进而达到通而为一的理想之世。由于"往世"、"来世"都不具有现实的品格,因而形成了二者与生活于现实世界中的人的距离;同时,二者也无法通过人自身的活动得以沟通,由之产生的是"往世"与"来世"之间的断裂,庄子以二者的"不可待"、"不可追"表明了这一点。由此,可以清楚地看到,对于人的在世过程而言,庄子的落脚点显然在于具有现实品格的当下。与之相关,"往世""现世""来世"作为历史衍化而来的不同形态,显然展示了与超越的彼岸世界不同的内涵。另外,需要加以指出的是,庄子对前文明形态("至德之世")的肯定及赋予其理想性,并不是要人倒退到那一时代,而是用之来与现实世界中的分化的存在形态相对比,使得人们去正视现实世界中的各种损害个体之本性的现象,对之加以摒弃,实现物我之间的交融、沟通,并最终在现实世界中达到逍遥之境。正如刘笑敢所指出的,庄子对原始社会的美化"并不是真的要过原始人那种茹毛饮血、架木为巢的生活,他们所向往的'织而衣,耕而食'的生活决不是原始人的生活方式,他们所幻想的'同与禽兽居,族与万物并'只是一种万物相安、众生平等的理想,决不是真的要与禽兽为伍。……向往上古的至德之世是为了否定现实、批判现实"(刘笑敢:《庄子哲学及其演变》,第269页)。

子对其的向往与憧憬中，逍遥的超越之维得以显现，同时又引领着人们摆脱既成形态的限制，不断地走向理想之境。[1]因而，在一定意义上可以说，在庄子那里，人处于两重世界之中：已分化的现实之在与通而为一的理想之在。人既无法脱离现实世界，但又应不断努力在自身的日常生活实践中超越它，以走向与实现理想之在，从而体悟两种截然不同的人生存在形态及存在境界。然而，世界原初之在的理想性、已然性，使得人由现实之在向理想之在的进发，表现出蕲求回归原初之在的趋向，在实质上体现出人向往与天地万物之汇融，并在某种程度上展现了其欲以与天地的精神融合来替代已经丧失了的原始之在的自然融合。

由此，在庄子那里，与天地万物为一亦呈现出两重性：首先，它作为逍遥实现的前提与方式，既展开于主体的实践活动之中，以主体的行动实现物我的相通、相融，又表现在主体的精神世界，以"通"之视域看待"我"与天地、万物，在与天地为一中实现精神之境的统一。其次，作为逍遥之境的展现，"万物与我为一"无疑亦呈现出其理想的性质：它引领着人不执著于物我之分，不断地走向物我合一的理想状态。

但是，就其对统一、整体的关注来看，与天地为一的两重内涵具有着一致性，它可以看作是"道通为一"与"以道观之"的原则在逍遥之域的体现："道通为一"作为形上原理，就逍遥的可实现性来看，它为逍遥中的物我合一能够在现实之在中实现提供了所以可能的根据；就逍遥的超越性来看，它为逍遥之境中与天地为一的理想状态提供了本体论的基础与价值论的依据。而"以道观之"的存在视域既使得与天地万物为一得以可能，又使之呈现于个体的精神世界，展示着统一的精神之境。二者分别从存在之通与视域之通的层面为物我之间的合一与相融提供着根据，从而进一步凸显了逍遥之境中所蕴含的"通"

---

[1]　就在世之人来说，现实处境的有所待使得其在一定程度上受制于其存在处境、自我视域等外在、内在的因素，也使得其追求逍遥成为身体上、精神上摆脱限制的唯一通道。就此而言，逍遥的超越性具有着重要的意义。

的维度。

第二节　个体的"独往独来"：
在日常活动与精神之域中的展开

在庄子那里，逍遥作为理想的存在形态，它不仅展示着"通"之维，又以自我为主体，确证着个体之"独"。

所谓"独与天地精神往来"（《庄子·大宗师》），既展现了逍遥的境界（"与天地精神往来"），又强调了逍遥以自我（"独"）为主体或承担者，并表现为个体在精神之域中的"独往独来"："出入六合，游乎九州，独往独来，是谓独有。独有之人，是之谓至贵。"（《庄子·在宥》）在此，"六合"、"九州"即天地或世界，而"出入六合，游乎九州"则是"逍遥于天地之间"的另一种表述。在庄子看来，"独往独来"的个体，与"恶乎待"的逍遥之境相契合，因而，庄子将逍遥于"六合"、"九州"的个体称之为"独有之人"，并在价值论的层面，赋予其"至贵"的性质，这既是对逍遥之境的肯定，又是对个体之"独"的确认，从而使得逍遥呈现为个体的逍遥。

从本体论的层面来看，逍遥之境以对个体存在的承认为前提。如前所述，作为个体的人是"形"与"神"的统一，"形"表征着人在外在形式上的独立，而"神"则展示出人内在精神的独立，二者的统一使得人既具有独立于外物、独立于他人的内在本质规定，又能对自身之"独"有自觉的意识。当"我"意识到"我"是作为一个独立的个体而存在的，"我"既具有自身独特的个性品格，又能够主导自身内在的精神世界，摆脱外在条件的制约与束缚，这即意味着"我"能够在分化的现实之在中寻找到属于自身的特定位置。这一意义上的"我"是逍遥之境能够实现的本体论前提。

然而，就实现逍遥的过程来说，自我作为主体，需在与物、与人打交道的过程中以"遗物离人"（《庄子·田子方》）的方式既维护自身的"独有"品格，又保持内在精神的独立与自由，从而使得"我"在人与物、人与人之间均"游刃有余"。如前文所引述的，"舜以天下让善卷，善卷曰：'余立于宇宙之中，冬日衣皮毛，夏日衣葛絺。春耕种，形足以劳动；秋收敛，身足以休食。日出而作，日入而息，逍遥于天地之间，而心意自得。吾何以天下为哉？'"（《庄子·让王》）庄子借善卷之口表达出逍遥并非远离社会生活，而是展开于主体的日常活动之中，而日常活动则具体地表现为与物、与人的交往。因而，庄子认为"立于宇宙之中"，"日出而作"、"日入而息"之个体（"余"），其要达到逍遥之境，需在如常人般的日常活动中既维护自身之独，又实现与物、与人的交融、沟通，而这种实践活动中对自身的守护，最终反映在内在的精神世界，使自我达到"心意自得"的存在形态。[1]

具体而论，在日常的劳作活动如庖丁解牛中，从过程的维度来看，逍遥对"独"的确认得到了鲜明的体现："庖丁为文惠君解牛……庖丁释刀对曰：'……良庖岁更刀，割也；族庖月更刀，折也。今臣之刀十九年矣，所解数千牛矣，而刀刃若新发于硎。彼节者有间，而刀刃者无厚；以无厚入有间，恢恢乎其于游刃必有余地矣。是以十九年而刀刃若新发于硎。'"（《庄子·养生主》）"恢恢乎其于游刃必有余地"显示出庖丁在解牛过程中已达致逍遥的境界，刀刃之"无厚"、牛之筋骨之"有间"，显然是庖丁能够"游刃有余"的前提。在此，庄子以刀喻人，以牛喻人之外的他物，刀刃之"无厚"表明人在与物交往中应不显己意，或者说不以自我之意欲强加于他物之上，而应该在"入有间"时"依乎天理"、"因其固然"，即在人进入物时应尊重、顺任物之本性，只有这样，才能既使人之自性得到守护（"刀刃若新发于硎"而非使刀"折"），又使物我相互交融、沟通而达到逍遥之境。在这一过程中，对

---

[1]　在这一过程中，庄子之以"余立于宇宙之中"在前提的意义上展示了逍遥对个体存在的肯定，又以"春耕种"、"秋收敛"、"日出而作，日入而息"在过程的意义上确认了自我（"余"）是实现逍遥的主体，最后以"心意自得"在价值的层面上肯定了逍遥是自我的逍遥，所谓"自得"即展示了这一点。

作为对象的他物之本性的尊重意味着对他物自身之"独"的维护，而对作为主体的人自身"独有"规定的守护、挺立则意味着对人之"独"的肯定。也就是说，在物我打交道的过程中，保持、维护自身之内在本性是实现逍遥之境的前提。

而社会生活亦包含着人与人之间的相处、交往，就此而言，庄子首先确认了人我之间的社会义务："夫事其亲者，不择地而安之，孝之至也；夫事其君者，不择事而安之，忠之盛也；自事其心者，哀乐不易施乎前，知其不可奈何而安之若命，德之至也。为人臣子者，固有所不得已，行事之情而忘其身，何暇至于悦生而恶死？"（《庄子·人间世》）这里，由事亲、事君所体现出的是亲子、君臣之间的关系，虽然二者涉及的是社会的伦理、政治义务，但庄子基于对"群于人"（《庄子·德充符》）的肯定，对"伏其身而弗见"（《庄子·缮性》）的刻意离世者的否定，进而认为人存在于世，不应刻意回避或拒绝其在社会领域中所应担负的义务，而应自觉地加以承担，对于庄子来说，这是个体德性的体现。同时，亲子、君臣之间的伦理、政治义务，具有着当然的性质，因而，自觉地认同并承担这些社会义务，又表现为对当然之则的依循。但庄子之"合当然"却有别于儒家的仁礼等道德规范作为当然之则对人的强制，而是在摒弃有意而为之的前提下，表现为自我之"心"的自然流露，从而使得在处理亲子、君臣之间的关系时不被外在的功名利禄等因素所影响，只是一味由其本然之情流溢而出，唯其如此，对作为他人的"亲"、"君"来说，才是"孝之至"、"忠之盛"；对于作为"子"、"臣"的自我来说，由外物的得失而导致的"哀乐"等情感因素才不至于影响、制约自身，所谓"哀乐不易施乎前"即强调了对自身本然之性的维护。在这一意义上，可以说，个体在承担"亲子"、"君臣"所涉及的伦理、政治义务时，其作为行为主体，展示着自身在社会领域之中的"独有"位置；而个体以自身本然之情的流露来对待"其亲"、"其君"，则既使"其亲"、"其君"之独得以维持，又担保着自身不被外在的目的、意图所支配、控制，从而维护着自身的独立。

从更广的视域来看,这种思想体现在"彼""我"的交往之中:"彼来,则我与之来;彼往,则我与之往;彼强阳,则我与之强阳。"(《庄子·寓言》)在与物、与人的交往中,庄子认为应以随"彼"而应、不显己意的行为方式处之。表面上看,"我"随"彼"之"来"而"与之来"、随"彼"之"往"而"与之往",自我似消匿在"彼"之中;而实质上,却以悬置"我"之意向、意欲的方式既实现了对"彼"之本质规定的维护,又使自我不被"彼"所支配、制约而挺立自身之"独",同时,二者之间相通而又相融。

显然,对于庄子来说,在现实的生活世界当中,个体只有在与物、与人交往的过程中达到"游刃有余"的通之境,个体自身才能呈现出逍遥的状态。在这一过程中,自我作为"乘天地之正"的主体,要实现"无待"的逍遥,则既需要超越外在条件的限定、摆脱内在视域的限制,其行为又要在本于自身之性的基础上,循乎物之必然法则。换言之,在现实世界中实现逍遥,就物我之间而言,应以循物之必然为前提;就人我之间而言,则须合乎当然,并自觉地承担一定的社会义务。因而,就逍遥的可实现性来说,其在现实世界中的展开使得个体的"独往独来"之逍遥区别于单纯的任性或任意妄为,从而既展示出其自身的内在限度,又表明逍遥并不是无止境的。与之相应,自我作为实现逍遥过程中的行为主体,其与物与人打交道,则不可避免地以循乎必然与合乎当然为前提。

然而,在庄子那里,个体的"独往独来"作为其逍遥状态的呈现,不仅体现在日常活动之中,更反映在精神之域。也就是说,个体在日常活动中物我、人我之间的合一与相融,反映在其内在的精神世界中,表现为统一的、自由的精神之境。同时,个体的精神世界又具有着自身的相对独立性,其一方面依存于个体之"形",从而蕴含着对现实个体的承诺;另一方面,又以超越个体在现实之在中的各种外在、内在限制为指向,从而在精神层面实现其自由,并由此凸显个体自身之"独"。

精神世界的这种性质，庄子以南伯子葵与女偊之间的对话，形象地对其进行了阐释："南伯子葵问乎女偊曰：子之年长矣，而色若孺子，何也？曰：吾闻道矣。南伯子葵曰：道可得学邪？曰：恶！恶可！子非其人也。夫卜梁倚有圣人之才而无圣人之道，我有圣人之道而无圣人之才，吾欲以教之，庶几其果为圣人乎？不然，以圣人之道告圣人之才，亦易矣。吾犹守而告之。参日而后能外天下，已外天下矣，吾又守之，七日而后能外物；已外物矣，吾又守之，九日而后能外生；已外生矣，而后能朝彻。朝彻，而后能见独；见独，而后能无古今；无古今，而后能入于不死不生。杀生者不死，生生者不生。其为物，无不将也，无不迎也，无不毁也，无不成也，其名为撄宁，撄宁也者，撄而后成者也。"（《庄子·大宗师》）首先，就求道的过程来说，从"外天下"到"外物"，到"外生"，最后至于"朝彻"，自我始终内在于其中，庄子在每个阶段都以"吾又守之"肯定着自我（"吾"）的在场。由此，所谓的"外生"、"不死不生"并不意味着自我的消逝或者无"我"，毋宁说，其意旨不再仅仅关注或执著于外在之"形"所表征的生命存在。同时，个体在求道的过程中是作为行为主体而存在的，如前所述，其所追求的逍遥之境是无待的："若夫乘天地之正，而御六气之辩，以游无穷者，彼且恶乎待哉！"（《庄子·逍遥游》）这种"无待"所展示的正是个体的独立，它既表现为个体在日常活动中不受他物、他人的支配和控制，又是个体内在精神的独立。而个体在精神上的独立，则是其自由得以实现的前提。同时，"无待"的规定性亦扩展了"独立"的内涵，并使之得到丰富，这在庄子对"死""生"的看法中得以体现："若然者，乘云气，骑日月，而游乎四海之外，死生无变于己，而况利害之端乎？"（《庄子·齐物论》）对于庄子来说，个体之"无待"，既是不受"天下"、"物"所表示的外部世界的支配，又是不受个体外在之"形"的存在或消逝（"生"或"死"）变化的束缚。如前所述，庄子将死生比作昼夜，看作是"气"之聚、散，在他看来，只有"齐"死生，才能真正实现不受外在形骸的束缚，并最终达到"朝彻"[1]这一理想的精神形态。

其次，就达道的境界来说，"见独"作为逍遥之境的另一种表述，展示出的是个体精神上的自由。对庄子来说，个体经过求道的过程，所"见"之"独"即为独一无二的、作为存在最终本原的"道"，相应于此，"见独"[2]可以看作是达道的境界。在此，这种逍遥之境主要展示在其精神的层面，并表现为个体内心精神的自在、自由。对于庄子来说，个体一旦达到了"见独"的境界，即能"无古今"、"不死不生"，也就是说，超越古今之别、心物之分，与之伴随而来的则为不将不迎、从容自在的精神上的"撄宁"[3]之态。然而，这种自由的精神之境是"撄而后成者也"，也就是说，个体存在于现实的生活世界，则不可避免地要受到外界的搅扰，虽然如此，但其依然可以保持内心的寂静与独立，进而达到不为外界所动的精神上的自由。"物我生死之见迫于中，将迎成毁之机迫于外，而一无所动其心，乃谓之撄宁。置身纷纭蕃变交争互触之地，而心固宁焉，则几于成矣，故曰撄而后成。"[4]个体只有

---

[1] 对于"朝彻"，林希逸注释道："朝彻者，胸中朗然，如在天平旦澄彻之气也。"（林希逸：《庄子鬳斋口义校注》，周启成校注，中华书局1997年版，第111页）成玄英说："死生一观，物我兼忘，惠照豁然，如朝阳初启，故谓之朝彻也。"（《庄子疏·大宗师》）钟泰的解释是："彻者，通也。"（钟泰：《庄子发微》，上海古籍出版社1988年版，第147页）由此可以看到，"朝彻"既指向心灵的明澈，又展示着物我一体、内外贯通的理想形态。

[2] 郭象对于"见独"的注释是："夫至道凝然，妙绝言象，非无非有，不古不今，独往独来，绝待绝对。""见独"之后，则能"任造物之日新，随变化而俱往，不为物境所迁，故无古今之异"。（郭庆藩：《庄子集释》，中华书局1961年版，第254页）在此，庄子在表述上将道与"独"相联系，这与《老子》有着相近的思路。在《老子·第二十五章》中，有如下论述："有物混成，先天地生。寂兮寥兮，独立不改，周行而不殆，可以为天下母。"对此，严复注解为"不生灭，无增减，万物皆对待，而此独立；万物皆迁流，而此不改。"（高明：《帛书老子校注》，中华书局2004年版，第350页）也就是说，由于无能与道相匹配，故道"独立"而无对，而其"独"则既展示在"独立"之上，即道作为天下万物的根源，其所具有的独一无二的性质；又表现在"不改"之上，即虽然天下万物处于不断变化之中，但使万物呈现为如此形态的道却是恒定不变的。

[3] "撄，扰动也。宁，寂静也。"（郭庆藩：《庄子集释》，中华书局2004年版，第255页）

[4] 同上书，第255页。

"立于独","撄宁"的精神之态才能得以实现。

同时,从消极的层面来看,"撄而后成"亦展示着客观的现实处境作为个体存在的本体论前提,无论是个体对逍遥之境的追求过程还是逍遥的理想状态的实现,都基于现实的世界。就人存在于世的现实层面而言,外部世界的他物、他人与社会,以及个人存在的境域,个体无法回避,更无法选择;就个体自身来说,虽然"形"与"神"的统一构成了真正意义上的自我,但自我存在着"形"与"神"的分化却确然无疑。显然,这些外在和内在的因素都构成了自我求道过程中的"撄"我者。对于自我来说,只有摆脱外在、内在的束缚,才能实现逍遥之境,而这也同时确认了外界纷扰、内在限定的存在。正如《老子》所说:"天下皆知美之为美,斯恶已;皆知善之为善,斯不善已"(《老子·第二章》),也就是说,美与善的提出,同时意味着丑与恶的存在。与此相似,正是由于外在的客观处境、内在的视域等的限制,才使得对逍遥之境的追求具有着应然性、理想性,逍遥的问题也才因之而凸显。

然而,从积极的层面来看,"撄而后成"则指个体内心寂静的融和为一之态,亦即精神上的独立与自由。对于自由,梁启超曾说:"一身自由云者,我之自由也。虽然,人莫不有两我焉:其一,与众生对待之我,昂昂七尺立于人间者也;其二,则与七尺对待之我,莹莹一点存于灵台者也。"[1]换言之,"我"的自由既涉及群己关系,又涉及形神关系。冯契先生认为,"就形神关系而言,唯我为大,精神上受奴役,是最大的屈辱。为此梁启超提出'破心奴'的口号"[2]。显然,就形神关系来说,"我"之精神相对于外在之"形"来说,既具有着主导地位,又具有着一定的相对独立性。荀子亦有类似表述:"故口可劫而使墨云,

---

[1] 梁启超:《新民说:少年中国的国民性改造方案》,黄珅评注,中州古籍出版社1998年版,第104页。

[2] 冯契:《哲学讲演录·哲学通信》,《冯契文集》第十卷,华东师范大学出版社1998年版,第225页。

形可劫而使诎申，心不可劫而使易意，是之则受，非之则辞。"（《荀子·解蔽》）也就是说，个体之"形"固然可能受到纷繁复杂的外在因素的干扰而有所改变，但内在的心灵却能保持自身的独立与自由。如冯契先生所说："外力可以迫使形体或屈或伸，迫使嘴巴或开或闭，而心灵却不能由外力强迫改变，意志能作自由选择，认为'是'便接受，认为'非'便拒绝。"[1]可以看到，庄子在追求逍遥的过程中，所展示出的正是个体心灵的自由选择，而从一定意义上可以说，个体精神上的自由既是个体之"独"的内涵之一，又是个体的独立之所以可能的根据。因而，"不论处境如何，始终保持心灵的自由思考、自由选择是可以办到的"[2]，在此，所谓"不论处境如何"即肯定了人之外的存在境域会在某种程度上对人自身造成困扰、束缚，但即便如此，个体仍可以保持精神上的自由：就理性的层面来看，个体之独立自由的思考仍然可能；就意志的层面来看，基于个体对自身之"独"的自觉意识，一方面，个体之自主选择仍然可能，意志的选择品格仍然能够得以实现；另一方面，意志的坚毅品格通过个体坚持自身的选择而不为外部世界的各种干扰所动得以体现，从而完善自身的独立人格。

而对庄子来说，个体心灵的自由，指向的是回归真实的自我，"道家崇尚自然，着重讲'真'，提出以真人为理想，要求返朴归真。"[3]然而，对真实自我的回归，则关乎个体精神世界的净化，后者更具体地展现了何以能够保持心灵的自由："彻志之勃，解心之谬，去德之累，达道之塞。贵、富、显、严、名、利六者，勃志也；容、动、色、理、气、意六者，谬心也；恶、欲、喜、怒、哀、乐六者，累德也；去、就、取、与、知、能六者，塞道也。此四六者不荡胸中则正，正则静，静则明，明则虚，虚则无为而无不为也。"（《庄子·庚桑楚》）在这里，"贵、富、显、严、名、利"六者作为人之外的价值对象，具有着外在性，但它们

---

[1][2]　冯契：《认识世界和认识自己》，《冯契文集》第一卷，华东师范大学出版社1998年版，第 19 页。

[3]　同上书，第 44 页。

却可以引发个体内在的欲求，所谓"勃志"即表明其对意志的错乱、搅扰；"容、动、色、理、气、意"六者作为与精神世界相涉的构成，则会束缚个体的心灵；"恶、欲、喜、怒、哀、乐"六者作为个体情感的表达，则会牵制其内在德性的自然流露；"去、就、取、与、知、能"六者涉及个体有目的、意图的活动，其中所蕴含的有意而为之的倾向使得其难以通达大道。在庄子那里，个体往往既受到如功名利禄之类的外在对象的限制，又被自身内在的欲求、情感、目的所支配。因而，在与物、与人的交往过程中，既要超越个体外在的存在境域的限制，又要摒弃社会领域中名利等外在对象、目的、情感等内在欲求的限制，消除各种内在、外在的束缚，使得个体的精神世界达到虚静而明的形态。唯有虚静而明的形态，才表征着个体本然之性的反归，由之呈现出的是个体真实的自我。对于庄子来说，个体心灵的自由既指向真实自我的反归，而真实的自我又是其心灵独立与自由的前提，二者呈现为同一过程的两个方面，并展示着自然（本然之性）与自由（逍遥之境）的相关性和互动性。

在庄子眼中，"独有之人"即是自然与自由的统一，其之所以具有价值论上"至贵"的性质，原因就在于其不为外在境域、内在视域所限，不为外物所迁，从而保持自我内心的纯一而无变，即"外化而内不化"（《庄子·知北游》）。正是基于此，"独有之人"才能在天地间"独往独来"。

就个体对心灵自由的追求来看，陈鼓应曾指出："庄子的哲学要在追求人的精神自由。他深切地感到，人们本来是向往自由的，可是，他们又经常地陷在人为的和自为的种种束缚之中。一方面，人们受着各种人为的、外在的规范的层层裹罩；另一方面，人们自己也自觉不自觉地投身到追逐功名利禄的圈套之中，以至自限自小。这样，便造成了人与外界的扞格、主体与客体交通的阻塞，而形成了自我封闭系统，而缩限了自我精神的自由活动。因此，庄子……塑造他的理想人物——'至人'、'神人'，借以冲破束缚人们的重重罗网，打通人与外在世界的隔离，使人与外界交感融合。……所谓'乘天地之正，御六气之辩（变）'，庄子所理想的人物，其精神活动是无限开放的，与宇宙万物融合一体的。"[1]

换言之，达到"独往独来"这一境界的个体，其精神世界具有着无所不极、不可限定的特征："精神四达并流，无所不极。上际于天，下蟠于地。化育万物，不可为象。"（《庄子·刻意》）在此，所谓"四达并流"意指精神可以指向不同的方向，"流"表明精神具有如液体般的通之特性、无界限性，因而，它能够"无所不极"。这里显然是以空间的类比来肯定精神的自由。"上际于天，下蟠于地"则着重表明精神之通——以天地为边界，精神上通于天，下至于地，其不仅贯通天地，亦贯通天地间的一切存在，唯其如此，故能"化育万物"：在精神"四达并流"的过程中，万物进入精神之域，并对个体呈现出自身的独特意义，由此展示的则是精神的建构意义。但是，精神的作用过程却具有着无形的特点（"不可为象"），就此而言，精神世界与"逍遥之虚"（《庄子·天运》）二者具有着同一性。可以看到，精神世界的如上展开既以个体的存在为依托，又彰显了其精神的自由、融通。

对于庄子来说，个体在天地间的"独往独来"作为其达到逍遥之境的表现形态，在如下几个方面蕴含着对"独"的强调：其一，从前提来看，个体的存在是逍遥之境得以实现的本体论前提，而这一个体作为形与神的统一，需要对自身之"独"有自觉的意识。其二，从实现逍遥的过程来看，自我作为行为主体，需在与物、与人打交道的过程中具有自主性，这种自主性体现在对自身本然之性的维护、对他物内在本质的尊重，而"遗物离人"的方式既确证着个体的自主性，又挺立着个体之"独"。其三，从达道的境界来看，"独往独来"的个体作为自然与自由的统一，其自身既呈现为真实的自我，又体现着精神的独立与自由，二者从不同的方面展示着个体之"独"。

---

[1]　胡道静主编：《十家论庄》，第341—342页。

　　但是，在庄子那里，逍遥之境是通与独的统一：它既有对统一性的追求，又有对个体性的承诺。一方面，如前文所论及的，"我"与天地万物为一既作为实现逍遥之境的前提和方式，又是逍遥之境的展现，它从不同的角度凸显了逍遥之境中的"通"，但它却是以分化的现实之在中"天地"、"万物"、"我"等个体的存在为前提。就原初之在分化而为现实之在而言，"天地"本就表征着"天"和"地"这两个个体，而"万物"则是天地间一切个体的统称，"我"作为从"万物"中脱离出来的人，从形与神两个方面表征着个体的存在。显然，若没有这些"独"之个体存在，并以之为前提，与天地万物为一之"通"则无从可能。因而，就逍遥之境中"独"为前提式的预设而言，"独"就在"通"中。

　　另一方面，在自我"独与天地精神往来"的过程中，就自然的层面来看，个体在天地之间所占有的独有的时空位置得以显现；就社会的层面来看，以现实的社会关系为背景，个体所占据的独特的社会之"位"因之而体现出来。从外在的方面来看，个体之时空位置、社会之"位"显现着个体的独特性。而"与天地精神往来"作为逍遥之境的呈现，既守护了自我的本然之性，又实现了精神世界的独立与自由，这无疑从内在的方面体现着个体之"独"。而个体对逍遥之境的追求过程，从消极的层面来看，是个体摆脱外物、他人的搅扰而保持自身本然之性与心灵自由的过程；从积极的层面来看，是对真实的自我（"自然"）的回归。但是，个体对"自然"的回归，基于个体对"自然"的领悟和融合，它具体地表现为个体在日常活动中物我之间的相融、相通，从更广的意义来看，它表现为与天地为一、与自然相融合、与道相通的过程。显然，个体对逍遥的追求，以"道通为一"的存在之通为本体论前提和价值论的目标，以"以道观之"的方式超越分化、界限，从而走向与道为一的逍遥之境。就此而言，可以说，"通"就在"独"中。

　　因而，对于庄子来说，在逍遥之境中，"通"与"独"之间的张力获得了一定程度的化解，而这种化解既表现在个体日常活动中的物我合一之上，又体现在个体精神世界的自由之中。但是，可以清楚地看到，通与独虽然统一于逍遥游，但二者的沟通，最终的落脚点却在于通之上。

参考文献

一、国外著作

柏拉图:《柏拉图对话集》,王太庆译,商务印书馆 2004 年版。

柏拉图:《理想国》,郭斌和、张竹明译,商务印书馆 1986 年版。

亚里士多德:《尼各马可伦理学》,廖申白译,商务印书馆 2003 年版。

莱布尼茨:《人类理智新论》,陈修斋译,商务印书馆 2002 年版。

康德:《纯粹理性批判》,邓晓芒译,杨祖陶校,人民出版社 2004 年版。

康德:《实践理性批判》,邓晓芒译,杨祖陶校,人民出版社 2004 年版。

康德:《判断力批判》,邓晓芒译,杨祖陶校,人民出版社 2002 年版。

黑格尔:《哲学史讲演录》,贺麟、王太庆译,商务印书馆 1997 年版。

黑格尔:《美学》,朱光潜译,商务印书馆 1981 年版。

黑格尔:《小逻辑》,贺麟译,商务印书馆 1980 年版。

胡塞尔:《现象学的观念》,倪梁康译,《胡塞尔文集》(第二卷),人民出版社 2007 年版。

胡塞尔:《逻辑研究》,倪梁康译,上海译文出版社1998年版。

胡塞尔:《笛卡儿的沉思:现象学导论》,张宪译,台北桂冠图书公司1992年版。

胡塞尔:《纯粹现象学通论:纯粹现象学和现象学哲学的观念》(第一卷),舒曼编,李幼蒸译,商务印书馆1992年版。

海德格尔:《存在与时间》,陈嘉映、王庆节译,生活·读书·新知三联书店2006年版。

海德格尔:《形而上学导论》,熊伟、王庆节译,商务印书馆1996年版。

海德格尔:《路标》,孙周兴译,商务印书馆2000年版。

海德格尔:《面向思的事情》,陈小文、孙周兴译,商务印书馆1999年版。

海德格尔:《人,诗意地安居》,郜元宝译,上海远东出版社2011年版。

海德格尔:《尼采》上卷,孙周兴译,商务印书馆2002年版。

马克思·舍勒:《价值的颠覆》,刘小枫编,罗悌伦等译,生活·读书·新知三联书店1997年版。

伽达默尔:《真理与方法》,洪汉鼎译,上海译文出版社2004年版。

哈贝马斯:《认识与兴趣》,郭官义、李黎充译,学林出版社1999年版。

马丁·布伯:《我与你》,陈维纲译,生活·读书·新知三联书店2002年版。

马克思:《1844年经济学哲学手稿》,中共中央马克思恩格斯列宁斯大林著作编译局编译,人民出版社2002年版。

卡西尔:《人论》,甘阳译,上海译文出版社2004年版。

卡尔·雅斯贝尔斯:《现代的人》,周晓亮、宋祖亮译,社会科学文献出版社1992年版。

夏瑞春编:《德国思想家论中国》,陈爱政等译,江苏人民出版社

1995 年版。

爱莲心:《向往心灵转化的庄子》,周炽成译,江苏人民出版社
2004 年版。

C.W. 莫里斯:《开放的自我》,定扬译,上海人民出版社 1987
年版。

本杰明·史华兹:《古代中国的思想世界》,程钢译,江苏人民出
版社 2004 年版。

大卫·休谟:《人类理智研究》,周晓亮译,中国法制出版社 2011
年版。

伯特兰·罗素:《权威与个人》,储智勇译,商务印书馆 2010 年版。

葛瑞汉:《论道者:中国古代哲学论辩》,张海晏译,中国社会科学
出版社 2003 年版。

A.C.Graham: *Chuang-tzu: The Seven Inner Chapters and other
writings from the book Chuang-tzu*, George Allen & Unwin, 1981.

福柯:《词与物》,莫伟民译,上海三联书店 2001 年版。

拉·梅特里:《人是机器》,顾寿观译,商务印书馆 1959 年版。

帕斯卡尔:《思想录》,何兆武译,商务印书馆 1985 年版。

弗朗索瓦·于连:《迂回与进入》,杜小真译,生活·读书·新知
三联书店 1998 年版。

弗朗索瓦·于连:《圣人无意:或哲学的他者》,闫素伟译,商务印
书馆 2004 年版。

弗兰克:《实在与人》,李昭时译,浙江人民出版社 2000 年版。

查尔斯·泰勒:《自我的根源:现代认同的形成》,韩震等译,译林
出版社 2001 年版。

福永光司:《古代中国存在主义——庄子》,李君奭译,台北专心
企业有限公司 1978 年版。

池田知久:《道家思想的新研究:以〈庄子〉为中心》,王启发、曹
峰译,中州古籍出版社 2009 年版。

李顺连:《道论》,华中师范大学出版社 2003 年版。

毕来德:《庄子四讲》,宋刚译,中华书局 2009 年版。

G. 希尔贝克(Skirbekk, G.)、N. 伊耶(Gilje, N.):《西方哲学史:从古希腊到二十世纪》,童世骏等译,上海译文出版社 2004 年版。

P.E.Strawson, *Individuals-A Essay in Descriptive Metaphysics*, Methuen &Co. LTD, 1959.

二、国内著作

司马迁:《史记·老子韩非列传》(卷七),中华书局 1985 年版。

许慎著,段玉裁注:《说文解字段注》,成都古籍书店 1981 年影印版。

郑玄注:《礼记正义》,孔颖达疏,《十三经注疏》下册,中华书局 1980 年版。

王弼:《王弼集校释》,楼宇烈校释,中华书局 1986 年版。

王弼、韩康伯注:《周易正义》,孔颖达疏,《十三经注疏》上册,中华书局 1983 年版。

郭象注,成玄英疏:《南华真经注疏》,曹础基、黄兰发点校,中华书局 1998 年版。

程颢、程颐:《二程集》,王孝鱼点校,中华书局 1981 年版。

朱熹:《四书章句集注》,中华书局 1983 年版。

周敦颐:《周子通书》,上海古籍出版社 2000 年版。

林希逸:《庄子鬳斋口义校注》,周启成校注,中华书局 1997 年版。

孙诒让:《墨子间诂》,中华书局 2001 年版。

孙希旦:《礼记集解》,沈啸寰、王星贤点校,中华书局 1989 年版。

王夫之:《庄子解》卷一,《船山全书》第十三册,岳麓书社 1996 年版。

焦循:《孟子正义》,沈文倬点校,中华书局 1987 年版。

刘宝楠:《论语正义》,高流水点校,中华书局 1990 年版。

王先谦:《荀子集解》,沈啸寰、王星贤点校,中华书局 1988 年版。

王先谦:《庄子集解》,沈啸寰点校,中华书局 1987 年版。

郭庆藩:《庄子集释》,王孝鱼点校,中华书局 2004 年版。

章炳麟:《齐物论释》、《庄子解故》,《章太炎全集》,上海人民出版社 2014 年版。

梁启超:《新民说·少年中国的国民性改造方案》,黄珅评注,中州古籍出版社 1998 年版。

程树德:《论语集释》,程俊英、蒋见元点校,中华书局 1990 年版。

杨伯峻:《列子集释》,中华书局 1979 年版。

刘文典:《庄子补正》,安徽大学出版社 1999 年版。

王叔岷:《庄子校释》,"中央研究院"历史语言研究所 1993 年版。

高亨:《诸子新笺》,齐鲁书社 1980 年版。

高亨:《周易大传今注》,齐鲁书社 1979 年版。

钟泰:《庄子发微》,骆驼标点,上海古籍出版社 2002 年版。

高明:《帛书老子校注》,中华书局 1996 年版。

何宁:《淮南子集释》,中华书局 1998 年版。

陈鼓应:《庄子今注今译》,中华书局 1983 年版。

张恒寿:《庄子新探》,湖北人民出版社 1983 年版。

曹础基:《庄子浅论》,广东人民出版社 1987 年版。

刘笑敢:《庄子哲学及其演变》,中国人民大学出版社 2010 年版。

陈鼓应:《老庄新论》,上海古籍出版社 1992 年版。

崔大华:《庄学研究》,人民出版社 1992 年版。

蒋锡昌:《庄子哲学》,上海书店出版社 1992 年版。

崔宜明:《生存与智慧——庄子哲学的现代阐释》,上海人民出版社 1996 年版。

叶海烟:《老庄哲学新论》,台北文津出版社 1997 年版。

王德有:《以道观之:庄子的哲学视角》,人民出版社 1998 年版。

王德有:《老庄意境与现代人生》,中国广播电视出版社 1998

年版。

颜世安:《庄子评传》,南京大学出版社 1999 年版。

朱哲:《先秦道家哲学研究》,上海人民出版社 2000 年版。

王中江:《道家形而上学》,上海文化出版社 2001 年版。

李锦全、曹智频:《庄子与中国文化》,贵州人民出版社 2001 年版。

钱穆:《庄老通辨》,生活·读书·新知三联书店 2002 年版。

束景南:《论庄子哲学体系的骨架》,广西师范大学出版社 2003 年版。

熊铁基、刘固盛、刘韶军:《中国庄学史》,湖南人民出版社 2003 年版。

涂光社:《庄子范畴心解》,中国社会科学出版社 2003 年版。

方勇、张晨霞:《庄子闲读》,汉语大词典出版社 2003 年版。

刘梦溪:《庄子与现代和后现代》,河北教育出版社 2004 年版。

陈少明:《〈齐物论〉及其影响》,北京大学出版社 2004 年版。

王博:《庄子哲学》,北京大学出版社 2004 年版。

胡道静主编:《十家论庄》,上海人民出版社 2008 年版。

徐克谦:《庄子哲学新探:道·言·自由与美》,中华书局 2005 年版。

方勇、陆永品:《庄子诠评》,巴蜀书社 2007 年版。

方勇:《庄子学史》,人民出版社 2008 年版。

赖锡三:《庄子灵光的当代诠释》,台湾"清华大学"出版社 2008 年版。

王志楣:《庄子生命情调的哲学诠释》,台北里仁书局 2008 年版。

萧无陂:《自然的观念:对老庄哲学中一个重要观念的重新考察》,湖南人民出版社 2010 年版。

金岳霖:《论道》,中国人民大学出版社 2010 年版。

冯友兰:《中国哲学史》,华东师范大学出版社 2000 年版。

冯友兰:《冯友兰谈哲学》,当代世界出版社 2006 年版。

冯友兰:《中西哲学小史》,北京大学出版社 2009 年版。

冯契:《认识世界和认识自己》,华东师范大学出版社 1996 年版。

冯契:《人的自由和真善美》,华东师范大学出版社 1996 年版。

冯契:《逻辑思维的辩证法》,华东师范大学出版社 1996 年版。

冯契:《中国古代哲学的逻辑发展》,华东师范大学出版社 1997 年版。

冯契:《哲学讲演录·哲学通信》,华东师范大学出版社 1998 年版。

牟宗三:《中国哲学十九讲》,吉林出版集团有限责任公司 2010 年版。

牟宗三:《才性与玄理》,吉林出版集团有限责任公司 2010 年版。

杨国荣:《庄子的思想世界》,北京大学出版社 2006 年版。

杨国荣:《善的历程:儒家价值体系研究》,华东师范大学出版社 2009 年版。

杨国荣:《孟子评传:走向内圣之境》,广西教育出版社 1994 年版。

杨国荣:《存在的澄明:历史中的哲学沉思》,辽宁人民出版社 1998 年版。

杨国荣:《史与思》,浙江大学出版社 1999 年版。

杨国荣:《思与所思》,北京师范大学出版社 2006 年版。

杨国荣:《伦理与存在》,华东师范大学出版社 2009 年版。

杨国荣:《道论》,华东师范大学出版社 2009 年版。

杨国荣:《成己与成物——意义世界的生成》,北京大学出版社 2011 年版。

杨国荣:《人类行动与实践智慧》,生活·读书·新知三联书店 2013 年版。

徐复观:《中国艺术精神》,华东师范大学出版社 2001 年版。

徐复观:《中国人性论史》,上海三联书店 2001 年版。

徐复观:《游心太玄》,北京大学出版社 2009 年版。

蒙培元:《中国哲学主体思维》,人民出版社 1993 年版。

李泽厚:《论语今读》,生活·读书·新知三联书店 2004 年版。

李泽厚:《中国古代思想史论》,生活·读书·新知三联书店 2008 年版。

倪梁康:《现象学及其效应——胡塞尔与当代德国哲学》,生活·读书·新知三联书店 1994 年版。

陈来:《古代思想文化的世界》,生活·读书·新知三联书店 2009 年版。

沈建国:《人的个性论》,江苏人民出版社 1994 年版。

李亦园、杨国枢:《中国人的性格》,江苏教育出版社 2006 年版。

顾红亮、刘晓虹:《想象个人》,上海古籍出版社 2006 年版。

贡华南:《味与味道》,上海人民出版社 2008 年版。

张海明:《玄妙之境:魏晋玄学美学思潮》,东北师范大学出版社 1997 年版。

张庆熊:《自我、主体际性与文化交流》,上海人民出版社 1999 年版。

张文喜:《自我的建构与解构》,上海人民出版社 2002 年版。

朱义禄:《儒家理想人格与中国文化》,复旦大学出版社 2006 年版。

丁祯彦主编:《中国哲学史教程》,华东师范大学出版社 2000 年版。

后　记

　　本书是在我博士论文的基础上修改而成。通与独之间，从哲学意义上来看，涉及的是统一性与个体性、普遍性与特殊性的关系。这是一个自古以来就受到中外哲学家关注的问题。在中国哲学史上，庄子是继老子之后，对道家哲学及其发展有着非常重要贡献的哲学家。就通与独而言，二者作为庄子哲学中具有重要意义的观念，贯穿并体现于庄子思想的所有领域。在庄子的哲学系统中，通与独之间作为其理论主题之一，是庄子的哲学理论得以展开的一条主线。

　　本书立足于《庄子》，在深入挖掘通与独及二者之间关系的理论内涵与哲学意蕴的同时，进一步把握庄子思想的系统性、整体性。其中不仅包括对通与独二者内涵、关系的探析，而且包括对通与独之间沟通何以可能的追问，以及关于庄子对通与独进行沟通的方式的思考。

　　当然，本书只是从通与独之间的关系这一维度去把握庄子的思想，对庄子思想更多的考察只能留待他文。同时，本书仅仅是一次思想的练习，其中阐释不明确、可以斟酌与充实之处恐怕不少，甚至还可能存在若干遗漏、错误之处，还请各位师长、学界同仁、读者们批评指正。

　　此书之成，首先要感谢杨国荣先生七年来的谆谆教诲。杨国荣先生是引领我进入中国哲学的老师，能够聆听先生的教导，感受先生的人格魅力，实在是一件幸事。先生曾对本书的结构框架、逻辑脉络提出了宝贵的意见，并在写作与修改的过程中给予了细致地指导，包括章节的调整、关节处的点拨，以及具体语词的理解与定位等，而先生的鼓励亦是本书能够完成的精神动力。

同时，衷心地感谢杨泽波教授、陈卫平教授、高瑞泉教授、郁振华教授、陈赟教授、贡华南教授，他们的教诲和帮助，于我而言是非常珍贵的财富；感谢华东师范大学哲学系诸位师友所给予的关怀和照顾，我会铭记于心；感谢上海人民出版社的任俊萍、毛衍沁女士为本书的出版所付出的辛勤劳动；最后，要感谢我的家人和年幼的女儿，他们的信任、理解与支持一路伴随着我。

赵丽端

2017 年 9 月 26 日

图书在版编目(CIP)数据

在通与独之间:庄子哲学的阐明/赵丽端著.——
上海:上海人民出版社,2017
ISBN 978-7-208-14760-7

Ⅰ.①在… Ⅱ.①赵… Ⅲ.①庄周(约前369-前
286)-哲学思想-研究 Ⅳ.①B223.55

中国版本图书馆 CIP 数据核字(2017)第 219583 号

责任编辑 毛衍沁
封面设计 陈 酌

在通与独之间
——庄子哲学的阐明
赵丽端 著

世 纪 出 版 集 团
上海人民大版社出版
(200001 上海福建中路193号 www.ewen.co)
世纪出版集团发行中心发行 上海商务联西印刷有限公司印刷
开本 635×965 1/16 印张 12.5 插页 4 字数 164,000
2017 年 11 月第 1 版 2017 年 11 月第 1 次印刷
ISBN 978-7-208-14760-7/B·1291

定价 42.00 元